再困難的問題都有100種解法

終結內耗的破局思考練習

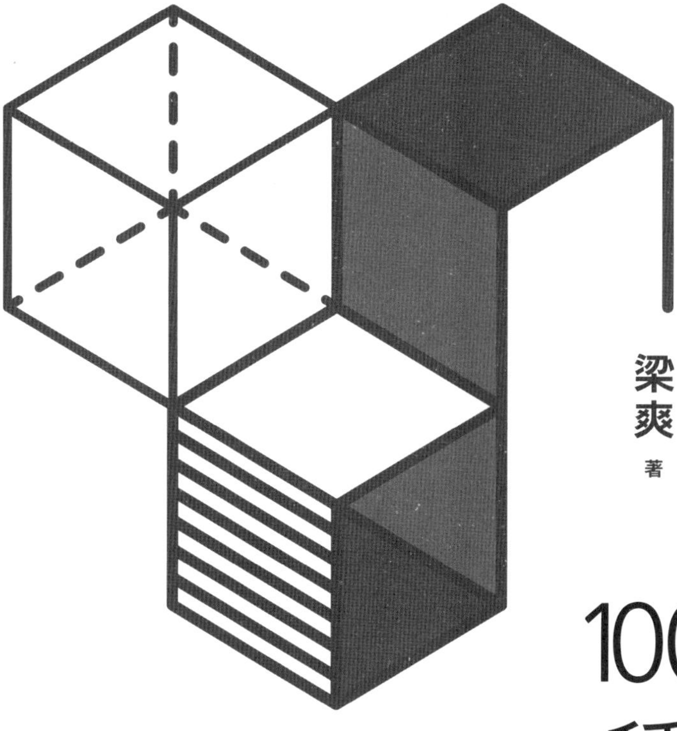

梁爽 著

前言

鑽牛角尖時，畫個四象限

/ 01 /

我的一位女性朋友，從自然懷孕未遂，到準備做試管嬰兒，每個階段都伴隨生理性的疼痛，想法也愈來愈鑽牛角尖。

在最近的一次視訊通話中，她眼眶微紅地說著懷孕階段的煩惱。她明知應該保持好心情，但每次做完檢查或手術，扎心的疼痛和內心的挫敗，讓她把牛角尖一次次地鑽出新高。

生育和賺錢是她談話中高頻且糾結的詞語，我試著用四象限來開導她。

我說，想像我倆面前有一個四象限圖，橫坐標是生育，縱坐標是賺錢（見圖Ⅰ）。

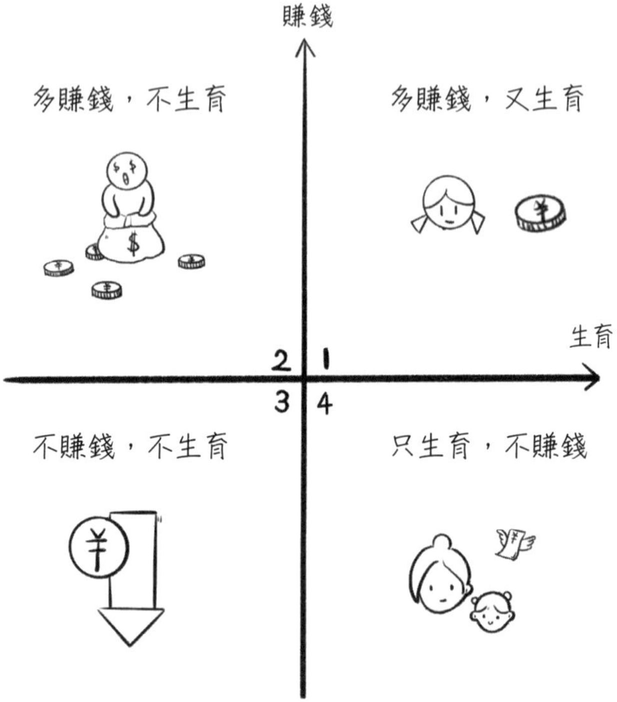

圖 1　賺錢—生育四象限圖①

對朋友來說，四個象限描述的情況各有利弊。現在完全不管別人怎麼說，只需要考慮自己的情況和意願。

① 本書中所有四象限圖均含有主觀意識成分，讀者在實際做選擇時應結合自身實際情況重新繪製，打造一個屬於自己的「人生四象限」。——編者注

第一象限：多賺錢，又生育。

我說：「這是目前你要去的位置，勢必面臨雙重壓力。但從好處想，妻子會賺錢，家庭關係更穩定，將來對子女教育更有話語權。」

朋友點頭如搗蒜。

第二象限：多賺錢，不生育。

我問：「你想在這個象限嗎？」

她答：「我特別喜歡孩子，雖然因為我們雙方的身體問題，自然懷孕不一定成功，但我仍然想生孩子，於是就選擇做試管嬰兒，希望能夠成功。」

第三象限：不賺錢，不生育。

這個象限我倆壓根就沒展開討論，這是人生的低欲望空間，朋友顯然不屬於這個情況。

第四象限：只生育，不賺錢。

我說：「你家裡條件比較好，你又工作多年，工作能力強，存了不少錢。你的老公工作穩定，從客觀上來說你具備這個條件。」

她說：「我享受成功後那種自我肯定的愉悅。再說，如果以後家人發生特殊情況怎麼辦？」

我連忙「呸呸呸」。

朋友謝謝我開導了她，她一下子就想通了。她試著把自己分別置身於四個象限之中，明白了當下這條路對自己來說是最優選擇。

我有點小開心，用四象限幫助朋友解決了一個鑽牛角尖的問題。

/ 02 /

我每次不開心，七成以上的原因都在於愛鑽牛角尖。

儘管我深知，如果人不想自己快樂，怎麼都能鑽牛角尖；但在我遇到困難時，那種自憐又憂鬱的心態，總是讓我不自覺地鑽牛角尖。

鑽牛角尖不是深度思考，不是百折不撓；不像豐田「五問法」（5 Whys）那樣，連問五個為什麼，找到核心問題，發現事物本質，尋求解決辦法。

鑽研和鑽牛角尖區別很明顯。鑽研是用科學的方法論，完成「定義－命題－證明」的思考過程；而鑽牛角尖是對一個連定義都不甚明晰的命題追根究柢，在沒有答案的問題中打破砂鍋問到底，在負面想像中讓心情跌到谷底，在縹緲的問題中難以自拔，沒有煩惱也要自尋煩惱。從結果看，鑽研讓人豁然開朗，而鑽牛角尖會把自己逼到牆角。

鑽牛角尖，會毀掉人的睡眠和食欲，把辛苦保養好的身體和容顏打回原形，任由情緒野火燒向身邊人。明明是自己表現得像與全世界為敵，卻還覺得自己弱小又無助：「為什麼沒人來關心我？為什麼世界如此不公平？」

劉慈欣的《三體Ⅲ：死神永生》中有這樣一個場景：宇宙中的高級文明向太陽系發送了二向箔，太陽系從三維空間向二維空間跌落，變成了一幅畫，太陽系中的一切瞬間消失了。

這個情節提醒鑽牛角尖的人注意，我們的想法正在跌落到一維，並且向某個極端無限延伸。這個時候，要想辦法讓想法升維。如果將想法從一維升到二維，那麼我的眼界將會變得遼闊，內心也會感到快樂。

四象限就是我的反向二向箔。

/ 03 /

我是個四象限控。

我在中學的數學課堂上學過四象限方面的知識，工作以後，當我忙到三頭六臂都不嫌多時，我實踐了史蒂芬·柯維（Stephen Covey）的時間管理四象限法則（「重要－緊急」四象限）。他真厲害，在一團亂麻中抓住了兩個線頭，並建立出一個坐標系。使用由此展開的四象限，能在談笑間讓大事小情

「灰飛煙滅」。多年以後，高效能人士具體要有哪七個習慣我記不清了，但他提出的四象限法則，我銘記於心。

後來，當我被繁雜的情緒搞得渾渾噩噩、一片混沌時，我試著建立四象限，靠它終結我的混亂，幫助我釐清頭緒。隨著坐標箭頭的延伸，我的格局逐漸打開，很多問題各歸各位，變得清晰無比。

我在深圳工作時，有段時間我總鑽牛角尖：我的業務這麼熟練，工作那麼拚命，為什麼主管不給我加薪？我當時一直抱著求而不得的怨念，抱怨主管慧眼不識人，抱怨他們看不到我的功勞和苦勞。工作的不順讓我又生氣又沮喪，準備跳槽。這時，我在《領導梯隊：全面打造各級領導人》一書裡看到一個四象限法，它將員工按照意願和能力分為四個象限，每個象限對應不同的主管策略（見圖Ⅱ）。

我一看，我的處境好像是在第四象限。主管對我只有激勵，說明他認可我的能力。我需要提升意願，才能抵達第一象限。於是我決定再爭取一次，實在無法改變再跳槽。我提醒主管，有項業務存在風險，並主動要求由自己來排查及做整改，希望主管可以抽調幾個人配合我完成該項目。後來，我的職位便隨之上調一級，季度獎金的漲幅也很可觀。四象限法則又發揮了它的威力。

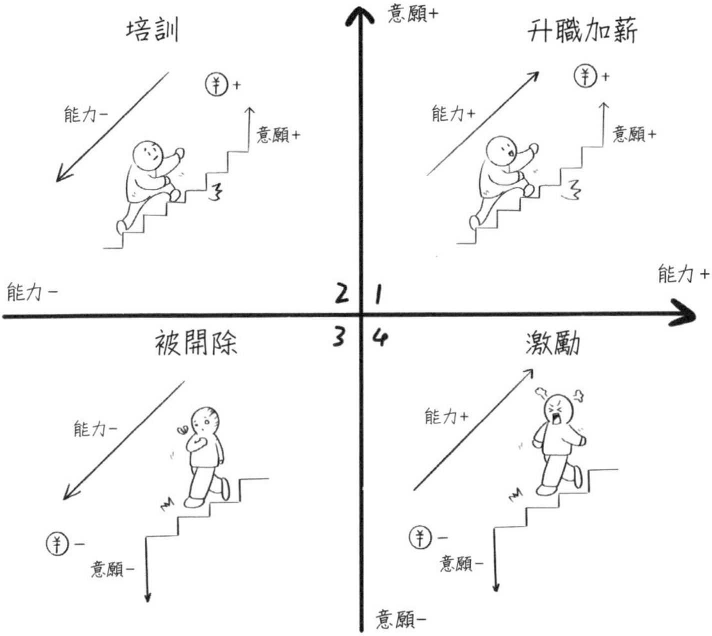

圖II 員工意願－能力象限

最近十年，我白天上班，晚上寫作，收入高了卻不開心。這時，是「高薪－高興」四象限解救了我（見圖Ⅲ）。當我心情不好時，我就會先在四象限中找自己的位置，再對照目標象限，這樣下一步該怎麼做，我就心中有數了。

產後，我和婆婆有段時間相處得不太愉快，是「你好－我好」四象限救了我。我的主要矛盾是覺得自己不夠好，我不是要跟婆婆「鬥」，而是要讓自己變得更好。

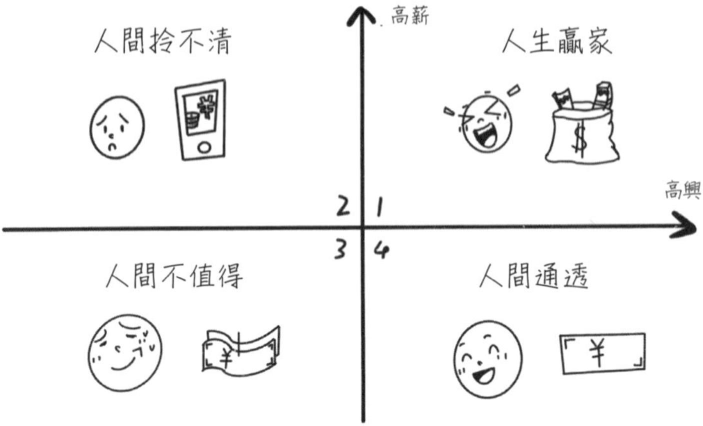

圖III 高薪－高興四象限

我們辦公室來了一位新同事，他講話過於武斷，和他討論業務我會生氣，和他聊時事我也會抓狂。我叮囑自己，對待他說的話，我應左耳進、右耳出。當他找我討論問題，讓我氣血上湧時，「你對－我對」四象限可以快速降低我的血壓、撫平我緊皺的眉頭。我在我對他錯、我錯他對、我倆都錯、我倆都對的四種情況中過一遍，再回到原點，發現同事的話並不重要。

除了幫助我，四象限還幫助過我的朋友和讀者，比如幫助身心俱疲的朋友變得身心輕盈。

有段時間我痴迷於四象限，開始接受四象限諮詢，便有多位讀者給我傳來或長或短的「小作文」。

比如，某位未婚女孩向我傾訴男友的家境、性格，以及兩人相處的情況，還有雙方父母的態度，問我她要不要和男友結婚。我幫她將最在意、最糾結的兩個要素提取出來，畫出一個分析型的四象限，最後幫女孩打開了新思路。

再比如，某位職場媽媽向我訴說她生了龍鳳胎後，因為要工作又要帶孩子，她變得焦頭爛額、自顧不暇。雖然老公、爸媽、婆婆也一起照顧孩子，但同時也產生了消耗。看到她在字裡行間流露出的疲憊和不滿，我幫她畫了一個羅列型的四象限，每個象限分別寫上老公、婆婆（她公公在老家工作，沒來他們的城市幫忙）、她媽和她爸，列出四位「助手」帶孩子的態度和方式，各自能為孩子和職場媽媽提供什麼，各自耗損了什麼，局面從一地雞毛變得一目了然，助她制定了與四位「助手」間不同的溝通策略和相處方式。

在我心裡，四象限是鑽進牛角尖後首選的逃生工具。

有一本書叫《為什麼菁英都是清單控？：紓解焦慮，提升效率，輕鬆管理工作、家庭》，我認為「為什麼不鑽牛角尖的人是四象限控」；有一本小說叫《憂傷的時候，到廚房去》，我認為「鑽牛角的時候，去畫四象限」。

鑽牛角尖、死心眼、想不通、內心不平衡，這就像一個人沿著一條隧道挖來挖去，卻怎麼都找不到水、看不到光，尋不到出路。這時，我們應該暫停一下，啟動頭腦中的基建狂魔，鎖定問題的奇點，找到重要的維度，向前挖、向後挖、向上挖、向下挖。然後挖出一個四象限，將問題或方法分成四類，分區展開，問題方能迎刃而解。

很多人總感覺心煩意亂，千頭萬緒，一籌莫展，彷彿置身於一片朦朧多變的不安、難以名狀的憤怒中。而四象限控們則可以隨著四分的視野，完成自我定位、角色推演、動態評估、極限分析，讓自己的視野更開闊、想法更清晰、做法更聰明。

/ 04 /

由於四象限一次又一次地救我於水火之中，我對它的興趣日漸濃厚，於是對它尋根問祖。

四象限的創立人是笛卡兒，就是說出「我思，故我在」這句鏗鏘有力之語的法國哲學家和數學家，他被譽為「近代哲學之父」、「解析幾何之父」。

笛卡兒有上午 11 點起床的習慣，有一天，一隻蒼蠅在他家屋頂亂飛，靈活變換歇腳位置，普通人可能只想把惱人的蒼蠅趕走，但笛卡兒想的卻是：如何精確地給這隻蒼蠅定位。

他家的天花板是使用木條橫豎交叉著建造的，他選擇屋角作為原點，只要數清沿東西向經過幾格天花板，沿南北向經過幾格天花板，就能給蒼蠅定位。

只要選定原點和兩個方向，用兩個數就能給平面上的點定位，這就是笛卡兒坐標系，也就是直角坐標系。有了笛卡兒坐標系，幾何和代數有了聯結，解析幾何領域誕生，幾何向高維、抽象、彎曲空間的方向迅猛發展。

橫軸和縱軸垂直相交，交會點為原點，把二維平面分為四個區域，即四個象限，按照逆時針方向，以右上方為始，以右下方為終，分別為第一、第二、第三和第四象限。

四象限從數學中脫穎而出，向各行各業滲透，衍生出多種應用。

有人將它運用在商業分析上，如波士頓矩陣，用「市場占有率」和「銷售增長率」這兩個指標，把公司產品分為四個象限，幫助企業管理階層決策。

有人將它運用在醫療關係上，用「對疾病治療的影響」和「對社會穩定的影響」這兩個維度，把醫療關係分為四個象限，幫助醫院管理層想辦法。

有人將它運用在心理諮商中，諮商師借助情緒四宮格開展工作，在一張白紙上畫出四個格子，讓諮商者透過書寫或繪畫的方式，在四個格子裡梳理自己的情緒。第一格是情緒評估，量化情緒體驗；第二格是情緒事件，探尋情緒的原因；第三格是資源整合，挖掘正向資源，調整情緒；第四格是情緒新狀態，是寫給自己的話。運用情緒四宮格，可以取得良好的心理治療效果。

有人將它運用在語文教學中，老師針對學生沒有表達欲望的困難，提出四宮格寫作法，啟發學生根據主題發想出四個要素，形成四宮格，學生將每個格子中的內容補充完整。這樣不僅能幫學生釐清思路，還可以促使學生對主題進行深度思考。

四象限思考法因操作容易、身段靈活、表達直觀，除了應用於企業戰略、市場營銷、心理諮商、時間管理等方面，還應用於許多其他領域，譬如林業、氣象資訊服務業、旅遊業、科研項目的開發投資、圖書館服務品質的管理、環境影響評價等。

/ 05 /

我這本書，主要用四象限或四宮格來解決鑽牛角尖的問題。

我把它們分為以下兩大類。

1. 分析性四象限

當你腦子一根筋或一團亂麻時，找出兩根線頭——或是你最在意的兩個因素，或是最矛盾的兩個指標，鎖定橫軸、縱軸，讓兩個維度進行兩兩交叉重疊的結合，碰撞出四朵火花。先精細分類，抓住主要矛盾，解決主要問題；再四思而行，精準施策，擁有面對繁雜事情的判斷標準，將有限資源投入最需改善的環節。驅散腦中迷霧，消除負面情緒，讓視野清晰，讓腳步堅定。

2. 羅列型四宮格

當你眉毛鬍子一把抓、遇事無差別焦躁、經常性拎不清、想法纏繞而凌亂時，可以用四宮格羅列法活化思維，優化思路，有的放矢。它兼顧了全面和重點，可以具體問題具體分析，可以把解決問題的步驟具象化，還可以用來做讀書筆記、規劃日程、做對選擇，給自己提供情緒價值。

有人說：「四象限讓我們看到盡頭、看到極限、看到分類，看到形形色色的躍遷和下沉，學會接受自己。」

歡迎來到這個四象限 / 四宮格自選超市，請允許我這個小導購，向你推薦二十五款四象限或四宮格，驅散腦霧，釐清矛盾，理順生活。你可以根據你此刻的處境和心情，選你所需，到什麼山頭唱什麼歌，遇到什麼情況畫什麼四象限 / 四宮格。

今後，當你鑽牛角尖、心理失衡、格局狹窄、一頭霧水時，不妨畫個四象限，列個四宮格吧。

別鑽牛角尖，人生是曠野。

目　錄

第一章／通透青年的自我管理

第二章／令人內耗的關係，盡快斷捨離

第三章／把日子過出鬆弛感

第四章／把所有事，都變成好事

第一章

通透青年的自我管理

該努力就努力，該放鬆就放鬆，未經審視的努力
不值得人付出，未經審視的放鬆也不能真正使人輕鬆。

通透青年應在該努力時努力，在該放鬆時放鬆，
不以受害者自居，不以受苦者抱怨。

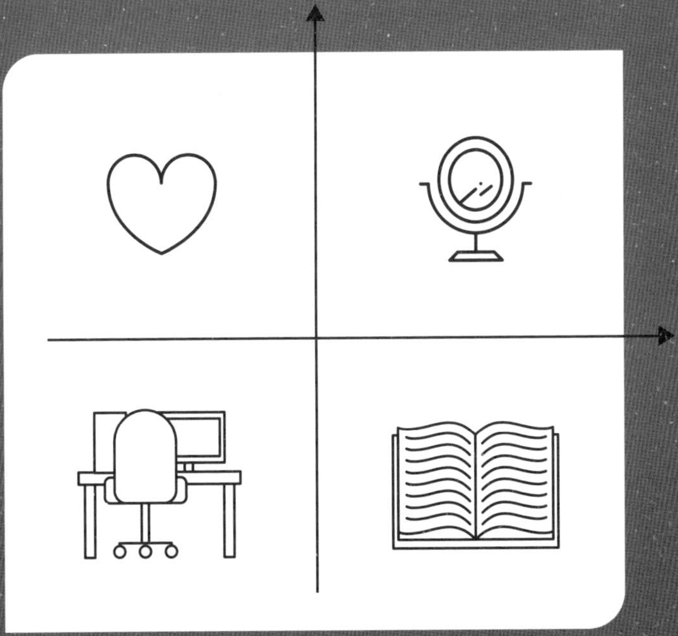

01 筆記四宮格：看書多少無所謂，筆記必須高配

不同的書有不同的閱讀方法，也有不同的做筆記方法。

我熱愛做讀書筆記，從紙本筆記，到電子筆記，再到語音筆記。經過多年實戰，我有兩點經驗想分享給大家。

1. 要麼就不做筆記，不重要也不緊急的休閒書，不必做筆記。
2. 要做筆記就做好，看不如說，說不如寫，寫不如畫。

有的書文筆優美，觀點亮眼，我會做摘錄筆記。以前我是將金句摘抄在筆記本上，隨著閱讀量愈來愈大，我為了方便以後檢索，便開始做語音筆記，也就是朗讀金句，將其轉成文字並列印出來，貼在筆記本上。

有的書邏輯嚴密，實操性強，我便會做圖文筆記。例如，用時間軸梳理先後節點，用魚骨圖整理流程進度，用心智圖總結內容要點。

我這個四象限（四宮格）控現在很想試試用四宮格來做筆記是什麼樣的體驗。

這個想法產生時，我正在看辯手胡漸彪的新書《鬆弛感》。胡老師的邏輯性比較強，我在讀這本書時，腦子裡形成了一個又一個的四宮格筆記，它們一會兒排列成手拉手的並聯結構，一會兒嵌套成俄羅斯娃娃結構。有詩云「大珠小珠落玉盤」，我則是「大小四宮格落紙上」。

以《鬆弛感》為例，我將該書的主要內容歸納如下：

保持鬆弛感不是態度問題，不是感覺問題，而是能力問題。鬆弛感是一種狀態，狀態由三個評價相交而成：對所處環境的評價，對自身能力的評價，對自身行為的評價。

對所處環境要看得透，才能做對決策，認知和判斷是做對決策的基礎。

認知的四隻眼睛：本質之眼、因果之眼、框架之眼和定位之眼。判斷的四種類型：事實判斷、審美判斷、框架判斷和定位判斷。

要保持鬆弛感，一要有解決問題的辦法。我會把困擾翻譯成問題（困擾讓人焦慮，問題明確目的），看清問題本質（這個問題不解決會有什麼後果，這個問題為什麼會發生），挖掘實質路徑（羅列問題成因，確定哪些不容易去除），創造超越期待的擊穿效應，分四步驟解決（拆解前提，按擅長路徑設計解決問題的具體方案，梳理過程節點和重要客戶，進行腦內彩排）。

二要有時間掌控力。避免時感失準（猜時間）、排列失序（要事優先）、節奏失控（三段式：第一段，一氣呵成，完成目標；第二段，切換大腦，做別的事；第三段，修改完善，形成終稿）。

三要有精力。有腦力（專注，限定決策時間）、心力（理性覆蓋感性）、體力（保持休息時間）。

對自身行為，要能喜歡。有四種類型的熱愛者：優越型、成長型、趣味型和使命型。

密密麻麻的文字如果用圖文表示會更一目了然（見圖1-1）。

以前的我應該會用心智圖來做筆記，但這次我用了四宮格筆記法來做筆記。因此，我發現了使用四宮格筆記法做筆記的很多好處，也嘗到了很多甜頭。

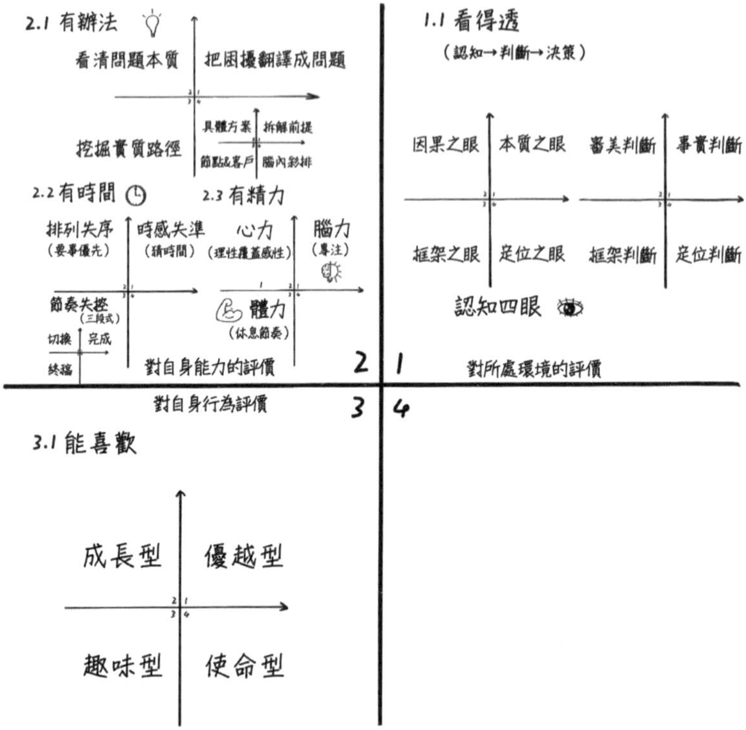

圖 1-1　保持鬆弛感，是一種能力

（1）對眼睛友好

有段時間，我和一家公司合作做讀書會，每本書都配有心智圖來幫助讀者理解、記憶和復盤。有的心智圖很長，像是補充細節後的長目錄，我常常看不進去，其他人也和我有類似的感受。

隨後，我與團隊商量縮短心智圖，圍繞圖書的中心議題，延伸出內容。這樣一來，緩解了閱讀壓力，讀者的接受度確實提高了，但心智圖看著還是有些凌亂。

從那時起，我就在心裡種下了一粒小種子：我想探索更直觀、更輕鬆的做筆記方法。

我覺得四宮格筆記法做到了直觀和輕鬆，它把一本書的要點集中在四個小塊中，區塊分明，格局清晰。

我們可以用成語來形容「用眼睛看」這個行為，例如四處張望、左顧右盼、上下索求、上下打量……四宮格筆記法可謂對眼睛極為友好，讓人一目了然，乍一看就能掌握全域，細看又能發現亮點。

（2）對腦容量友好

麥肯錫全球董事合夥人李一諾曾提出「五、六個人原則」，就是不管你正處於一個什麼樣的環境——學校、職場或家庭，你周圍的五、六個人構成的微環境對我們的影響遠遠大於宏觀環境，所以我們要重視、挑選和管理的就是這五、六個人。

同樣，我覺得大部分書需要抓取的重點基本也就三、四個而已，重點再多就難以被大腦記住了。

很多主管在發言時會說：「下面我說三點。」寶僑（P&G）公司的報告書將要點歸納為三個；麥肯錫的思維模式——金字塔結構，也是把內容濃縮為三點。四宮格法與「三點法」相比，還多了一個備選空間，體例剛剛好。

其實，四宮格還可以輕鬆進行空間擴展，兩個四宮格相連就是六宮格，三個四宮格相連就是八宮格；或者再多加一條橫線或直線就能變成六宮格，多加兩條橫線或兩條直線變成八宮格，多加一條橫線和一條直線變成九宮格。多加不算「違建」，而且便於空間延展。

也許有人要說，筆記做得那麼全面，真的有必要嗎？

詳細的筆記對寫書的作者、做書的編輯、講書的老師、備考的學生來說，更能發揮作用，而對於其他人來說，筆記確實無須做得太詳細，因為費時費事又費力。

今年搬家時，我翻出了二、三十本讀書筆記，翻著翻著我很是感慨：當時做筆記花了很多精力，但現在很多也都束之高閣了，搬家時還會變成「累贅」。

密密麻麻全文字的手寫筆記，寫的時候累，事後看起來，大腦也不易興奮，且心中易暗生排斥。

四宮格裡的四個空間，就是留給自己篩選的餘地，要進入某個宮格的內容需要一定的門檻，像是原創性的洞見、顛覆性的新意、給我新知和啟發的觀點；而那些我已經看過的、翻新外立面的、人云亦云的、大而無當的就省略掉，抓重點、挑要點、留新點，抓取三、四點足矣。如無必要，不擴充空間，遇到非加不可的精華內容再特事特辦。

我不需要像學生時代一樣，把老師的板書全部抄下來，將時間全部花在抄筆記上，這會壓榨我思辨和實踐的空間。

四宮格可以延伸，但邊界明顯，倒逼我動腦，提煉重點，在眼、手都不累的情況下，在腦容量有限的基礎上，把書從厚讀到薄，把效果讀到最佳。

（3）對理解友好

比四宮格更複雜的四象限有橫軸和縱軸，哪怕單純列好各個象限中的內容，出於條件反射你也會花上幾秒，看看能不能歸納出橫縱坐標軸的關鍵字。

這個意識會讓你考慮各象限內容的區別和連結，感受作者思維中串聯、並聯、嵌套的節點，站在高處俯瞰全景。你會對書中某一問題理解得更到位，印象更深刻。

（4）對行動友好

二〇二二年年底，身體好轉後我開始跟風做八段錦。我跟著影片有樣學樣，但不知道自己的動作對不對，效果好不好。於是，我報名了一個知識付費課，邊聽邊做筆記，用了兩個四宮格完成筆記。

我記得有一節叫「五勞七傷往後瞧」，雖然這句口訣已經足夠清晰明瞭易操作，雙手向後翻、左右交替瞧，這就完成了，但是我還是很困惑。

直到我在四宮格筆記的某一格裡，寫清楚五勞是什麼，七傷又是什麼。

五勞是五臟的勞損，為人處事過度操勞，容易傷心；生氣、過於勞累、壓力大，容易傷肝；飲食不規律、吃寒涼的食物，容易傷脾；外受風寒、吃太多辛辣食物，容易傷肺；熬夜、寒冷、驚恐，容易傷腎。

七傷是七情的損傷，所謂七情，就是喜怒憂思悲恐驚，喜傷心、怒傷肝、思傷脾、憂傷肺、恐傷腎。一個正常人，七情一天要輪值好幾回，誰知道哪個情緒波動大了，就會把自己傷著。

好的，我肯定五勞七傷了，怎麼辦呢？很簡單，雙手由大拇指帶動，像擰毛巾一樣向後扭動，充分旋轉，這樣就有效刺激了肺經、心經和心包經這內側手三陰，以及大腸經、小腸經和三焦經這外側手三陽。

雙肩用力往後夾，刺激了人體重要的穴位，就是成語「病入膏肓」裡的膏肓穴，據《醫經》中記載，膏肓穴有緩解五勞七傷的作用。

如此做完筆記，我才知其然，更知其所以然。它既給了我緊迫感，又給了我輕鬆化解難題的滿足感，更讓我有了執行動力，執行得也更有效果。後來再感覺自己被累到、被氣到時，就算沒有專門做八段錦，我也會雙手後翻，用力按膏肓穴。

網路上有很多有用的知識，但我們只是收藏，很少認真學習；書上也有很多實操指南，但我們看看就忘。我們每天接受大量資訊，然而很多並沒有真正派上用場，沒有在生活和工作中產生價值。

筆記沒有形成學以致用和用以致學的雙循環，做這樣的筆記，只有苦勞，沒有功勞。

當你帶著問題和目標，去尋找一些實操型、方法論強的書時，要不停地尋找。一本書解決不了自己的問題的話，就換另一本，直到找到合適的。

如果想在做筆記時省略一些你光看就不想做的步驟，可以用讀書 GPS 法則，即「確定目標（goals）、要點（points）、步驟（steps）」來做行動筆記。在四宮格裡，第一格列明目標，第二格列明要點，第三格列明步驟，空白格可以記錄一些備忘事項、反饋或心得。也可以直接在四宮格筆記中標色或畫圈，提醒自己嘗試這個，試用那個，將筆記轉化為行動。

在我看來，四宮格筆記法既能縱覽全域，又能聚焦細分；既能增進理解，又能轉化行動。如有時間，不妨一試。雖然四宮格筆記法好處多多，但我也不敢宣稱它無所不能，對於其他筆記方法，我也沒有貶損之意。每種筆記方法都有自己的優點和局限。

蝴蝶圖，適合表達正反意見；魚骨圖，適合輔助因果分析和展示項目進展；文氏圖（Venn Diagram，也稱韋恩圖），適合輔助比較分析；金字塔圖，適合概括總結；心智圖（Mind Map），適合羅列重點、考試複習等。

四宮格筆記法比較適合偏向實操性、乾貨類、邏輯性、體系性、接地氣的內容，不太適用於考試內容，因為考試考的是被大部分人認可的重點，覆蓋面廣；也不太適合雞湯文、美文、散文。

看完一本書，你可以花十分鐘整理一下四宮格筆記，我確定這樣看書有翻倍的效果，只是不確定能翻幾倍。

02 讀書四象限：默默刷新讀書方式，然後驚豔所有人

我搬了新家後，陸續請好友來家裡溫居。很多朋友一進門，看到我把客廳隔出三分之一，放置書櫃，櫃高直頂天花板。

他們紛紛好奇，問我：「這麼多書，你看得完嗎？」我笑著說：「就是喜歡讀，有什麼辦法。」

畢竟「書中自有黃金屋，書中自有顏如玉，書到用時方恨少」的道理古今中外都通用。

可能在別人眼裡，這是一面牆、一排架的書櫃，但在我眼裡，這是一個讀書四象限。

史蒂芬・柯維描述的重要－緊急四象限法，初衷是用來進行時間管理的。誰能想到，遠在大洋彼岸，與他年紀相差五十多歲的我，竟用這個四象限來解決「這麼多書，怎麼看得完」

的難題。

史蒂芬．柯維把事分為重要且緊急的事、重要但不緊急的事、緊急但不重要的事、既不緊急又不重要的事。而我抽象意義上的書架，就是一個橫坐標為緊急，縱坐標為重要的四象限圖（見圖 1-2）。

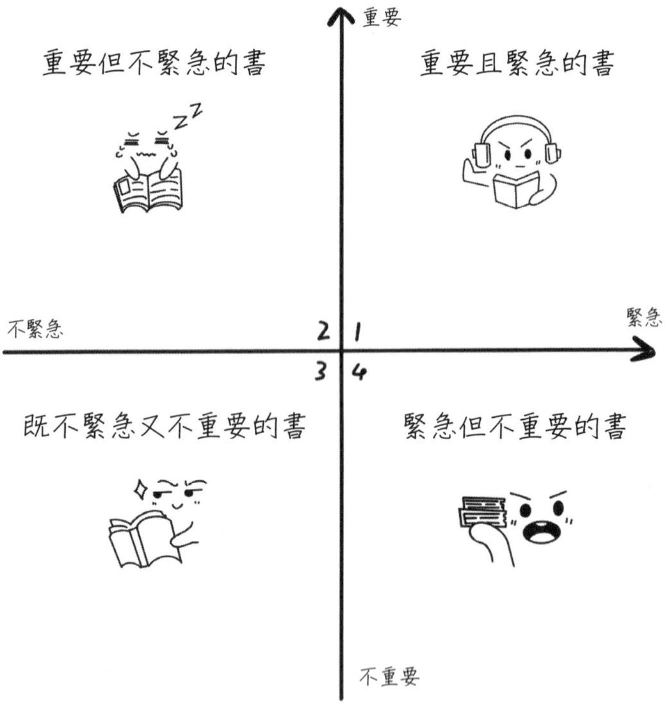

圖 1-2 我的書架四象限

第一象限：重要且緊急的書。

第二象限：重要但不緊急的書。

第三象限：既不緊急又不重要的書（可讀可不讀）。

第四象限：緊急但不重要的書（缺少的趕緊補）。

在此，有必要說明一下我對重要和緊急的定義。

因為每個人的生活不同、所處的階段不同，書在四象限中的位置也有所不同。這裡的「重要」是指對我的整個人生很重要，事關我的命運，對我的三觀、人格、認知、志趣、研究領域有重大影響的書。這些書可以幫助我解決認識自己、認識世界的問題，可以淡化我的性格弱點；對我的後半生而言有一定價值，比如幫我賺錢、提高氣質、變美、變得更健康等。

「緊急」就是對我人生的中短期階段來說很重要，但過期就可有可無的書，比如能幫我解決當下的難題，助我考取資格或談下客戶，對有明確截止日期或時效性強的項目有幫助。

現在看書的人似乎愈來愈少，就算看也往往都在看「緊急」的書。例如，學生為了備考讀相關的參考書，員工為了工作閱讀與業務相關的提升書。

儘管愛看書就已經是閃著光的優點了，但我還是想多為「重要」的書美言兩句。

菲利普·金巴多教授有個時間觀理論：決定命運的不是性格，而是你獨一無二的「時間人格」。他把時間觀分為積極和消極兩種。

如果你是消極的過去時間觀，原生家庭、心理自助、治癒特定陰影的書可能對你來說重要；如果你是消極的現在時間觀，生活美學書、勵志書和名人傳記等，可能是你的重要之書。

一本書重不重要，要結合自己的人生階段和個人追求來看。在戀愛時，講親密關係的書重要；有了孩子後，講培養孩子的書重要；對我來說，網路小說只是既不重要又不緊急的消遣，但對於網文作者、影視編劇來說，就是重要且緊急的內容。

我以我的讀書四象限舉例。

第一象限：重要且緊急的書。

就時間人格來說，我的時間觀屬於積極的未來時間觀。我提倡自律和長期主義的生活觀，有關生活方式、興趣愛好的書及故事書對我來說很重要。如果我有段時間狀態不好，比如精神繃得太緊，身心枯竭，容易上火，容易發脾氣，這時對我來說重要且緊急的書就是心理調適類的書，因為狀態調整十萬火急。

假如我要寫一本育兒書，在截稿日期前，我要查閱的書當然是重要且緊急的。假如我要寫的一篇公眾號推文是對於熱門事件的看法，要查閱的書則屬於緊急；但如果這篇文章在我下一本書的計畫之內，那就屬於重要且緊急。

但其實對我來說，育兒書都是重要且緊急的，因為孩子的成長存在敏感期、關鍵期。例如我女兒出生後，我買的有關「半歲怎麼做副食品」、「一歲怎麼照顧」、「兩歲怎麼陪玩」等主題的書都是時效性強的重要書，我要做到盡量少讓將來的自己後悔，讓女兒健康成長。

這一象限的策略：對於重要且緊急的書，我會選擇自己頭腦明晰、思維活絡的高效時間，把自己暫時設置成「免打擾狀態」，用心精讀，讀完及時完成筆記。

第二象限：重要但不緊急的書。

經典文學作品便屬於這一類。小時候，我被家長和老師鼓勵要多看經典文學作品，但因為我不太了解生活，又沒多少閱歷，是讀不懂經典文學作品的。人到中年，我才慢慢讀懂這類書，並感到相見恨晚。

還有那些事關一生的功課，比如提升修養、提高審美、優化生活方式的書，以及關於人類從哪裡來、要去哪裡的哲學書。這些書雖然重要但不緊急，因為我總認為來日方長，能拖就拖，拖到最後很多書都沒去看。

讀重要的書的目的，不僅在於解決眼下的問題，而更在於當你被生活打回原形且陷入泥淖時，你仍然有一股內在的力量。如果你經常讀重要的書，久而久之，會發言有尺度，玩笑帶分寸，做事留餘地，選擇更恰當。

這一象限的策略：對於重要但不緊急的書，要定期讀。根據自己的時間表，忙的時候少看幾頁，不忙的時候多看幾頁。盡量用心閱讀，多花時間感悟，甚至可以多讀幾遍，你會發現自己每讀一遍都會有新發現和新感受。

第三象限：既不緊急又不重要的書。

這類是指讓我穿越時空、忘記現實的書，例如都市小說、科幻小說等。對於這類書，我要麼難以進入劇情，要麼一旦進入就容易入迷，忘記時間。其實這類書一開始確實能給我提供情緒價值，但每次入迷後需要花大量時間閱讀，影響了我的正常生活，所以我就特地把它們拖拽到第三象限。

我看書習慣劃重點、記筆記，其實很多書不需要這麼做。看第三象限的書時，我會提醒自己放下紙筆，好好感受故事情節。既然要消遣，就應該專心致志地消遣。

或者我就乾脆不讀這個象限中的書。讀書雖好，但選擇也很重要。有位資深創意老師曾總結道，大多數處於創作瓶頸期的人都閱讀成癮，寧可拾人牙慧，也不願自己動手寫點東西出來。

對這一象限的書的策略：限制時間，避免沉淪，提醒自己打開「防沉迷系統」，享受閱讀體驗，無須過多思考，或者安排「閱讀輕斷食」。

第四象限：緊急但不重要的書。

當我感覺自己的某一「支線任務」遇到障礙物或障眼法時，我要麼上網搜索，要麼到書店或圖書館搜尋多本同一主題的緊急書，然後集中看、對比看、找錦囊、掃清障礙物、破除障眼法，就像每次運行得好好的程序卡住了，趕緊找到適配的插件，下載使用，度過難關。

工具書、說明書、教科書、參考書，被我歸為這一象限的書。

高考、省考和國考這類考試的參考書很重要，但考試通過之後，相關的書就不算重要了。有些書一看書名就很緊急，例如我產後買了坐月子期間保養、新生兒照顧方面的書，令我印象最深刻的是《產後六週定終身》這本書。因為坐月子中不宜用眼過度，出月子後，我基本只剩下兩週的時間，因此這本書對那時的我來說就是很緊急的。我拿到這些書後，挑選閱讀與我實際情況吻合的痛點和建議，等產假結束後，就又把這些書掛在二手網站上轉賣了。

緊急的書，不用整本看完，也不用逐字逐句去讀，而要帶著強烈的目的去讀，可以一目十行地跳讀；等我的「雷達」探查到距離答案不遠時，再打起精神來仔細精讀。找到答案後，帶著答案或方案，跳出書本，融入生活。

我在氣頭上時，會趕緊看一本笑話大全，以轉移注意力。

我在失業或失戀時，會趕緊找一些點對點的書把心情先穩住，例如內容是「不上班終於有機會做的三十件夢想小事」、「療癒失戀讓內心飽滿的五十個小妙招」，然後找幾件應景又好實施的事，淺試一下。

對這一象限書的策略：帶著問題去讀，輔以心智圖、時間軸等工具加強理解，時效過去後，轉賣或送人，把空間讓給重要的書，或其他緊急但不重要的書。

對於重要的書，我要向大家分享語音讀書筆記的做法。在本篇中，我介紹了四宮格筆記法，但根據我的經驗，重要的書，深深打動我的不只是裡面的框架和資訊，還有一些閃著人生智慧光輝的言語。

作為一個獲得過印象筆記「筆記進步獎」的人，我來介紹一下自己的最新方法。這個方法適合閱讀量大，喜歡做紙本筆記，且筆記中以金句為主；又想把做筆記的時間最小化，查閱資料時快速定位，習慣重看筆記並常讀常新的人。

（1）在讀重要的書時，邊看邊畫線標記。

（2）全書讀完後，打開錄音類 App，朗讀畫線部分，趁著記憶新鮮，書還在手邊，零拖延地修改錯別字，訂正重要數據、人名等資訊。

（3）購入便攜式印表機，裡面裝有不乾膠感熱紙，把 App 記錄修改後的內容，複製黏貼到與印表機相關聯的 App 上，連同書封面的照片，一併列印出來。

（4）另找一筆記本，先貼上書的封面，再把筆記內容剪成適合筆記本的大小，貼在筆記本上。

這一筆記方法對重要的書來說十分有效，通過一遍精讀加一遍朗讀加深印象，在筆記做好後，我常常翻閱書中的精華。

但感熱紙上的字相較普通紙張，更容易出現褪色的問題，存放的溫度盡量不要高於 30℃，盡量避免曝晒、按壓、彎曲，或者直接用普通紙張列印，裝訂成冊。

我在想像出一個讀書四象限後，面對不同的書，我採用不同的閱讀策略，有的放矢地放大閱讀效能。這樣才能讓我的閱讀結構更合理，對海量書籍毫無畏懼；更能合理安排時間、精力及相對應的閱讀方法，兼顧緊急和重要的書的閱讀比例。

這樣做還加快了書架的吐故納新速度，對重要的書，例如經典文學書，我會買不同譯本收藏；而對緊急的書，例如時效性強的書，我讀完就會送人或轉賣。因此，家裡書架上的書便不會像滾雪球一樣愈來愈多，我也不會有壓迫感，而是充滿新鮮感。

我對用來讀書的錢都會花心思規劃。雖然閱讀比起其他愛好的花費要少很多，但如果你確實要省錢，就盡量買重要的書，而緊急的書可以租或借，也可以從二手書電商交易平臺上購買。

書是傳播知識和智慧的重要媒介，但不是唯一媒介，哪怕你不是像我一樣的紙本書愛好者，你也可以套用讀書四象限的做法，好好管理自己的資源、時間和頭腦空間。

刷新讀書方式，驚豔時光，驚豔自己。

03 成事四象限：做一個「事多不壓身」的成年人

/ 01 /

這幾年我給自己的任務是，努力把事情拆分為「事」和「情」。我會先引兩塊玉，再拋自己的磚。

第一塊玉就是前文提到的史蒂芬·柯維的重要－緊急四象限，他把事分為重要且緊急的事、重要但不緊急的事、緊急但不重要的事、既不緊急又不重要的事。相信很多人都了解這個四象限法則。

我以前有份工作的部分內容是做駁船調度，每天駁船高頻率往返，重要－緊急四象限是我不可或缺的工具之一。快到的船舶動態就是「緊急」，甲方要求的或經理強調的船舶動態就是「重要」。每天我手中的一、二十艘駁船的動態會有條不紊地分布在我的四象限中，在忙亂中長出秩序。沒有它，我的工作很可能忙中出亂，亂中出錯。

換工作後，剛開始我對業務不熟，總是感覺一團亂，這時使用重要－緊急四象限對我也有很大幫助。後來，我的常規任務比較固定，偶爾有急事也可根據截止時間來安排，重要－緊急四象限就淡出了我的工作舞臺。

我經常寫有關時間管理的文章，曾有讀者找我探討，到底什麼工作任務是緊急的，什麼是重要的，什麼是既不重要又不緊急的。

在我看來，四象限就是解決以上問題的工具。看一個工具好不好用、適不適用，如果用了以後問題更清晰簡潔，那就用；如果引入的概念反而使自己更費解，整體更耗時，那就換，反正工具多的是。工具的使命在於簡化和服務，而不是設置條條框框後讓人畫地自限，把自己框住、綁住、困住。

第二塊玉是李一諾的選擇－策略四象限，我謹記於心，經常使用。她把事情分為四類。

第一類是不重要的選擇，策略是「怎麼做都可以」。

對於生活中不那麼重要的選擇，比如今天穿什麼衣服，吃什麼工作餐、在哪裡吃，這些怎麼做都可以，我不會在這些事上耗費精力，會欣然地接受和體驗。

不過，每個人不重要的事可能天差地別，比如上文提到的穿什麼衣服，對一個穿搭博主來說就很重要；工作餐吃什麼，對一個美食博主來說就很重要。我們需要根據自身情況進行選擇。

第二類是沒有辦法選擇的事情，策略是「全然接納」。

生活中，遇到無奈在所難免，對於很多暫時無法改變的事，我們索性接受就好。不要糾結，你的不接納只會讓自己帶著怨氣和怒氣，讓自己發揮失常、狀態不佳。這樣既不能解決問題，也會讓自己變成問題的一部分。我們可以在接納事實的基礎上，該做什麼就做什麼。

第三類是比較確定的事情，策略是「學習和複製」。

生活和工作中的大部分事情，很多人已經做過了，我們不需要標新立異。例如參加一場考試，做一個常規項目，在這些事情上我們學習和複製就好，不需要與眾不同，選擇安全和保守的方案就可以。在裝修房子時，基礎裝修就是複製慣用做法，之後在確立風格時再發揮審美和創意。

第四類是不確定性比較大的事情，策略是「與眾不同」。

相比於前三類，這類事情的時間占比少，發生的機率低，但它可能會給你帶來深遠的影響。李一諾做的幾次選擇就屬於後一類，例如開一個公眾號，離開麥肯錫公司加入比爾·蓋茲基金會，對她來說，這些就屬於與眾不同的策略。

/ 02 /

多備幾個四象限有備無患，還可以補充我們的工具箱，強化戰鬥力。我的自創武器之一，便是以想做的事和必須做的事為坐標軸，來畫屬於我個人的四象限。

第一象限：想做又必須做的事。

我會用精力充沛、效率高的時段來做這類事，充分調動物力、財力、人力的資源。在做這類事時，對我來說，重要性、意義感和愉悅性三者皆有，很容易進入心流。走出心流後我會覺得很過癮，相較之下更容易做出成果，感覺這一天收穫滿滿。

這個象限是人生的基本盤，能把「得做」和「想做」做好，責任便盡到了。但反過來，如果沒做好，心理挫敗感和自我懷疑感也會加強。

但世間沒有那麼完美的契合，很難剛好出現你要做的就是你想做的事這種情況。一種路徑是給自己賦予使命感，覺得自己是天選之人，不得不做；另一種路徑是給自己賦予愉悅感，讓自己哪怕是在不得不做的事情中，也可以尋找喜悅感。

第二象限：必須做但不想做的事。

有些工作任務、生活瑣事，例如職場糾紛、房屋漏水等，我聽到就煩，但人在職場身不由己，生活瑣事由不得我。

這個象限中的事我們盡量不要帶著情緒去做，要像一個沒有情緒的機器人，因為如果我帶著情緒（多半是煩躁的情緒），那麼我就容易把事情處理得很糟糕。這樣一來，糟糕的結果又會再次打擊我：我怎麼連這點事都做不好。於是，我需要花時間、找方法，不停地給自己做心理建設。

我的寫作搭檔慶哥有件事情處理得很精彩。之前她的身分證被別人盜用來開公司，警察找她去警局做筆錄，請她配合調查。

事後，她和我說這件事時非常心平氣和，而我聽得火冒三丈。她和我說：「沒什麼。大千世界無奇不有，警察肯定會調查清楚的，我不會因沒做過的事受罰，再說這是難得的人生見聞，可以作為寫作素材。」

她在處理突如其來的無妄之災時，沒什麼負面情緒。她不急不躁，心中安穩，有一種置身事外的冷靜和清醒，還試圖從宏觀層面消解怨念。

她的做法比我說的不帶情緒處理的策略更厲害，直接把第二象限轉化成第一象限。

除了不帶情緒的處理方式，對於不想做但必做的事，我們可以學習走捷徑，例如一個數據處理和分析的工作交給你，你可以考慮用寫程式或辦公軟體自帶的高級功能輕鬆處理，這樣你也能早點完成任務。

不要拖延。我每次出書時，出版社都希望我找圖書推薦人，說實話，我一個素人作者，學術圈的人都不認識我，讓人家為我背書也是為難別人。每次都要拖到最後，我才把早已編輯好的資料發出。我很少拖延，但找圖書推薦人是我的拖延重災區。其實我只要在資料中介紹自己和圖書，講明不推薦也無妨就好，不如主動聯繫，早點做完。

如果生活中長期充滿必須做的事，那麼你就要看看必須做的事是否能減少、壓縮、優化，同時增加興趣、愛好等體現自我意志的事，不然很可能在不久的將來產生情緒上的爆發、關係上的衝突。

第三象限：不必做又不想做的事。

很多人被困在這裡而不自知，明明自己還有事，不想幫別人，但礙於面子只能答應。這時，如果進一步確認這事不必做又不想做，我們可以拿出勇氣，拒絕別人。

如果一件麻煩事可以不做，而且不做的收益遠大於去做的收益，例如讓一個不熟的人理解你的某個生活習慣，那麼這類事情便可以不做。

如果你長期「內卷」[1]，導致生理上排斥做某事，意願上提不起興趣，就盡量停下來，心無罣礙地休息，不因「躺平」[2]而自責，不因「佛系」[3]而愧疚，讓自己恢復元氣。

這個象限在我看來是暫時象限和轉機象限。

說它是暫時象限，是因為保持這個狀態久了，你既不需要做什麼，又不想做什麼；別人對你沒要求，你對外界沒期待，時間長了，你可能率先受不了，會主動找點事做——或者做自己想做的事，或者做幫助別人的事。

說它是轉機象限，是因為在忙亂中清空自己，你會想清楚什為對自己重要，自己接下來要做什麼。

以前我會覺得不用管這個象限，但不管容易產生麻煩。

例如對於健康，健康的人意識不到健康的珍貴，覺得那些養生保健的事情不是自己現階段必須做的事情，有太多有趣好玩的事更讓自己躍躍欲試。

我媽媽長年堅持練八段錦，每次邀約我一起練習，我都拒絕，我說等我退休再練吧，八段錦自帶中老年人氣質。可是當

---

① 網路用語，指在不必要的事情上耗費大量精力，導致不想看到的壞結果出現。——編者注

② 網路用語，指無論對方做出什麼反應，你內心都毫無波瀾，對此沒有反應或反抗。——編者注

③ 網路用語，指一種無欲無求，不喜不悲、雲淡風輕而追求內心平和的生活態度。——編者注

我真的去嘗試時，發現又不累又舒服，頓覺相見恨晚。

你可以做一些輕巧、易上手、易操作的試試看，以一週或半個月為最小單位，這樣便於降低畏難情緒，也更易堅持下來。

這一象限，進可攻退可守，你進可嘗試，退可拒絕。

第四象限：想做但是不必須做的事。

在某個綜藝節目裡，有人曾說世界上有三種人：「寧有種乎」、「彼可取而代之」和「應如是」。

我理解這三種人的想法，都出於不同的動機：「寧有種乎」出於不甘和願景，「彼可取而代之」出於不滿和興趣，「應如是」出於自信和使命。

看到別人做，覺得好奇、有趣、心癢，認為自己說不定能做得更好，觸發內心的想做，心動就馬上行動，觀察、模仿、琢磨、改進，等待或創造機會。原本大可不必去做的事，但自己就是想試試看。這種情況下最能出現成功者。

我會定期找一類影片來看，例如《一路玩到掛》、《終極假期》等，電影主要講述的就是好端端的人突然遭遇疾病，然後花光積蓄，去做自己真心想做但一直沒做的事，這類電影非常觸動我。

我常常會跟我老公說，等退休了，我們可以找一個慢節奏的城市，租一間房子住個一年半載。那時，我就不那麼忙了，有時間寫小說了。這些人生中想做的事，總在沒時間、沒精力、上有老下有小中被推遲著。

另外，等我退休，我是否真的能如自己所願那般有錢有閒有精力？所以，對於想做的事，不要拖延，要把想做的事拆成小事。長篇小說沒時間寫，我可以構思短篇小說；寫小說沒時間，我可以先看小說找靈感；在一個城市定居半年，對現在的我而言不現實，那就週末去周邊城市轉轉，再說我們居住的城市也有很多美麗的景點。盡量去見想見的人，做想做的事，說想說的話，去想去的地方，少留遺憾。

我常常聽身邊的人說「我很忙，我很煩」，但仔細觀察他們手頭正在做的事，我發現他們似乎把所有事都一視同仁，把「煩」這種情緒平均分配給了每一件事。撲面而來的事情，就像剛從烘乾機裡拿出的衣物，互相纏繞、皺皺巴巴。其實只要把這些衣物分類整理好，就會整潔許多。事也如此，把事分到想做必做區、不想做但必做區、不想做又不必做區和想做但不必做區，你會發現問題將簡單很多。

成事四象限，讓我有一種身處電影中的感覺，哪怕許多紛繁複雜的事迎面撲來，我也可以像《駭客任務》中的基努·李維那樣，既能從容地躲開四面八方射來的槍林彈雨，又能出招必勝。把事分門別類，做事有章法，才能事多不壓身。

04 日程管理四宮格：你珍惜自己的一天，就是珍愛自己的一生

01

我非常喜歡使用筆記本，很早就開始用各種筆記本寫待辦事項，列備忘清單了。我每天都在筆記本上寫計畫、打勾、備注，自得其樂，樂此不疲。

毫不謙虛地說，市面上流行和冷門的筆記本，我基本都用過。一年使用三、四種不同功能的筆記本，只是我的基本操作。

筆記本各有各的用法。

每日計畫本，每年起始是年度願望和上一年度總結；每月起始是月度展望和上月復盤；每日一頁，待辦清單區可以寫要事，備注區可以暢所欲言。

習慣養成本，按時間長度劃分，有二十一天、一個月、一百天或一年，我可以在不同的時間長度裡，列明想養成的習慣，每日用塗色或打勾的形式完成打卡。

健康計畫本，用於記錄睡眠時間、心情指數、早晨體重、睡前體重、飲水塗鴉表、運動項目、飲食記錄、心情小記等。

精緻修練本，前面幾頁記錄美妝產品囤貨資訊，之後有當月保養重點、本週保養要點，以及起床和睡覺時間，早起保養、化妝，睡前保養、身體保養，備忘和復盤等內容。

頭腦風暴本，我常常採用 PDCAa 法①，將頁面分為四個區域，分別對應計畫、執行、檢查和處理部分。

富蘭克林本，我在每週羅盤欄中分別對身體、知性、精神、情緒方面寫目標、定計畫、做執行，在每週待辦欄中強調優先順序，用指定符號指代完成、後移、刪除、委任和進行中等狀態。每日頁中左下方是以半小時為分界的時間軸，右下方是自由書寫的小方格。

此外，旅行本、心情本……應有盡有，在此就不贅述了。用了很多筆記本，我發現，每一種筆記本，都針對某一個側重點，是某一種時間規劃觀的具象體現。

---

① 即 Plan（計畫）、Do（執行）、Check（檢查）和 Act（處理）。——編者注

剛開始，我會跟著筆記本設計的風格和習慣來做日程規劃。後來，自己的風格和訴求日漸覺醒。前幾年我設計了一款自律本，把獨家習慣轉化成易量化的指標。

此後，我便一直充當自己的設計師，製作了包括充實學習、高效工作、開源節流、時間管理、自律生活等二十五款清單模板。

有段時間，我明顯感到秩序感缺失，便給自己設計了九宮格日程管理法。根據當下需求，確定支撐自己的九個維度。我常用的九宮格裡包括：寫作、學習、育兒、飲食、休息、保養、新知、體驗和靈感（見圖 1-3）。

後來，我準備大幹一場，高效創作輸出。我選擇了富蘭克林本，這款筆記本聚焦做事進展，自由發揮空間較大，是一本半自助的筆記本。

用了兩個月，我發現左下區的時間軸經常空著，於是我將這個時間軸區變成了三個縱向排列的四宮格，開啟了我充實又輕鬆、嚴肅又活潑的一年。

寫作	學習	育兒
☑ 修改九宮格，配圖 ☑ 次條排版	☑ 聽書 ☑ 上改稿課（沒時間）	☑ Ca ☐ 女兒似乎也心情不太好
飲食	**休息**	**保養**
☑ 早：蛋、奶、肉 ☑ 午：蝦、雞肉、飯 加菜 ☑ 晚：菠菜、洋蔥蛋 ☑ 買菜：蛋、馬鈴薯 （沒菜了，明天線上買）	☐ 夜間睡眠 7h 16min 昨晚看電影 ☐ 午間睡眠 34min ☐ 心情有點焦慮	☑ 鳥絲素 x2 ☑ 頭皮保養 ☑ 跳繩 x2000
新知	**體驗**	**靈感**
☐ 爬山算法 ☐ 聽新聞評論	☐ 上班，一人做三個人的工作 ☐ 人還可以戴著口罩睡覺	☐ 我想到《流浪地球》的飛船派和地球派，人們永遠有自己的想法

圖 1-3 九宮格日程管理法

02

我的日程管理重點是外形顏值[②]和精神顏值。

外形顏值，就是後文要提到的保養四宮格中保養的四門功課，廣義的有「睡眠－飲食－運動－心情」四宮格，狹義的有「髮－膚－眼－體」四宮格。這節我想介紹精神顏值上的「輸入－輸出」四宮格。

精神顏值＝輸入四宮格＋輸出四宮格。輸入分為「聽－看－讀－感」。

聽，是用耳朵吸收的精神食糧，包括線上音頻課程、育兒講座、有聲書、讀書會、廣播劇、冥想引導詞、Podcast、音樂、當天與身邊人聊天後特別有共鳴的觀點、家人說的話等。

看，是用眼睛吸收的影像養料，包括電影、電視劇、綜藝節目、紀錄片、學習影片、網上課堂、短影音、線下展覽等。

讀，是用眼睛讀到的圖文資訊，包括看紙本書、電子書、公眾號的圖文等，每天都應該讀點什麼，街上的廣告標語、購物詳情海報也算。

感，是五感沉浸式感受自我和環境，關注一些生命體驗給

---

② 網路用語，有容顏、容貌的意思。——編者注

我們的感覺、感受和感想，例如在社區發呆，去海邊冥想，聽場線下脫口秀，上成人芭蕾課，靜靜看著女兒睡著，看女兒和小朋友交流等。

聽－看－讀－感的順序，是我經過深思熟慮選擇的排序，難度從易到難，重要性從輕到重。對於羅列型四宮格，我有個默認的傾向，即第一宮格是開局之地，是首發陣容，是第一印象；第四宮格肩負著歸納、昇華的重任，全面、重要的在此坐鎮。

我一般會在前一天晚上或當天早上，條件反射般地先建立好輸入四宮格的框架，並把當天想做或要做的事，以清晰精練的詞條形式書寫進去。

下面請允許我找個「日子樣板間」，演示一下輸入四宮格的寫法。

「聽」宮格。我最近在參加一個情緒療癒的線上課程，於是我就在這個宮格注明課程名稱。我午睡醒來後會做十分鐘的冥想，我就在這個宮格注明冥想主題。喜馬拉雅上「耳界」的 3D 環境減壓冥想是我近期最喜歡的，它由 3D 聲音空間定位技術製作而成，有海洋、花園、湖泊、草原、田野等場景，我聽完經常感到心情愉悅。

「看」宮格。最近工作忙、寫作任務重、帶孩子累，我就在這一宮格下看幽默搞笑的短影音，或看一集肥皂劇，因為我急需多巴胺快樂。平時我基本每天都會給自己安排一段多巴胺快樂時間和一段腦內啡快樂時間，如觀看兒童教育規劃影片或慕課、博雅課堂等課程類影片。

「讀」宮格。以前閱讀是我最重要的輸入管道，每週兩本書的閱讀量，讓我開心又充實。有孩子後，如果不見縫插針，不刻意為之，我可能真的沒時間靜下心來讀書了。我現在閱讀量遠遠低於從前，所以更要在質上下功夫，方法之一就是用四宮格做讀書筆記，或在「說」宮格中複述或講述內容。

「感」宮格。現代人在可支配的時間中，常常沉迷手機，愈是這樣，我們就愈要重視「感」，這對於觀察能力、選題能力、提案能力、情緒調節力、心理承受力都有很大好處。原先我的「感」一般發生在週末，例如全家一起去海邊、牧場、公園，家人帶著孩子玩時，我便趕緊趁機「感」一下。後來我把「感」作為單列項，落實率變得更高。坐車時我專心看雲卷雲舒，回家前在樓下椅子上坐十分鐘，晚上倒垃圾時看一會星空，大腦放空地騎飛輪健身車，走路時觀察路人表情，等餐時聽聽食客聊天，閉目欣賞一段爵士樂，陪女兒跑鬧到酣暢淋漓……開啟感知，刻意正念，這些不同的場景，讓我感受力增強，觸摸到真實生活，像珍惜禮物一樣珍惜每一天。

有次看《十三邀》，許知遠採訪北大教授錢理群。在一天的採訪結束後，錢老邀請許知遠到他家樓下散步。錢老聞花香、觀植物，沉浸在樓下小小的自然環境裡，如數家珍地說這棵樹開花了、那棵樹結果了。當他發現攝影機一直在拍他時，他提醒攝影師拍植物，別拍自己。

錢老和許知遠一起坐在小區的椅子上。錢老陶醉地介紹說，就這麼遠遠地看那些樹葉，好像沒動，但仔細一看，它們都在動。許知遠趁機感慨，像不像我們的歷史，今天看是一動不動，但它們都在微動。錢老卻說，千萬不要想那些，就是專心感受。

輸入四宮格幫助我成為一個精神上更豐盈的人，讓我獲得快樂。就算我忙到沒時間把日程寫在筆記本上，輸入四宮格也早已像思想鋼印般，打進我的腦海。

早上提前計畫，只是提醒而已，不是硬性規定。晚上抽空記錄時，有增減，有替代，我會在計畫後標明進展符號，寫上關鍵字，如輸入內容的章節、觀點、狀態。

當我定期回看筆記本時，我發現這樣做至少有三個好處。

第一，優化輸入內容。有時我看太多短影音，晚上什麼也想不起來，時間像是無端被偷走了。於是，我會找兼顧專業性和趣味性的書。看了太多嚴肅的書，我會看些輕鬆的內容。我把每天進食的精神食糧配比調整得既科學又令我幸福。

第二，啟發選題靈感。看書後記下關鍵字，說不定某個關鍵字讓我有話要說，在輸出的「畫」宮格裡畫個心智圖，一篇文章的提綱就產生了。

第三，反饋到保養四宮格。看太多，眼睛宮格需要加倍呵護；讀太多，頭髮宮格應當有所作為。

尼采說：「不蛻皮的蛇只有死路一條。人類也不例外。若是抓著舊思想的皮不放，人便會從內部開始腐化，不僅無法成長，還會迎來死亡。要脫胎換骨，就必須讓思維也進行新陳代謝。」（出自《超譯尼采》）

愈是記錄輸入四宮格，你愈能獲得靈感、掌控感、成就感，能知道今天沒白過，晚上睡覺時會比早上起床時聰明一點。在更長的時間維度上，它幫助你減少了焦慮，增加了從容。

/ 03 /

輸出分別是「寫－說－錄－畫」。

你可以選擇僅自己可見的私密輸出，也可以把自己的見聞、認知、感想、洞見，以利他的角度分享出來，或幫別人少走彎路，或幫別人減少資訊差，或安慰鼓勵別人，或讓人輕鬆一笑⋯⋯你的輸出內容可以是專業的，也可以是有趣的，用自己擅長的輸出方式，加入自己的獨特風格。

內容輸出常見的三種方式是寫、說、畫，此外還有其他表達方式，如借助舞蹈、形象、書法、樂器等。

就我自身而言，我的輸出宮格是「寫－說－錄－畫」。

「寫」宮格。這是我最重要、最重視的輸出方式。我堅持早起，用一天心最安靜、腦最活躍的時段來寫作，每天最多寫兩千字，最少寫五百字。

「說」宮格。最近十年，不知道是因為我定居北方，身邊人太善於聊天，讓我更喜歡聽別人說；還是因為我寫作太多，表達能力此消彼長，我的口頭表達能力下降得厲害。我覺得我一寫作就條理清楚，一說話就邏輯不夠清晰。我很少對寫出的文章感到有遺憾，但常常對說出的話感到後悔。

於是，我有意識地鍛鍊口頭表達能力。說有趣的故事給女兒聽、說小說情節給老公聽、說電視劇劇情給我媽聽……但大多數情況下，我是自言自語，說一下當天的行程安排、說一篇文章的主線大綱、說一本書的讀後感、說個熱門新聞並陳述自己的看法、說當下的情緒安撫自己……這樣做原本是為了提高口語表達能力，結果收穫了多重驚喜：這樣不僅有助於女兒成長，還有助於我釐清大腦中的紛繁思緒。忙的時候，我會用說代替在本子上寫，常和自己對話，這樣我也能更懂自己、更愛自己。

「錄」宮格。我以前短暫地拍過短影音，覺得拍一支影片，即便不發到社交平臺上，也可以放大地看到自己說話時的談吐、表情、語氣、眼神、肢體動作，可以幫自己有則改之、無則加勉。現在我經常錄語音，例如錄一本讀書筆記、錄一個突發靈感、錄一段寫作素材，並將語音錄入的內容轉為文字，有需要就馬上修改，暫時沒需要就放在一邊。

錄和說兩者有重疊部分，但又各有不同。錄可以字正腔圓地練習朗讀，錄音轉成的文稿可供未來使用，說則更加隨意。

「畫」宮格。我接觸到的不少插畫家會把作品發在網路上，這樣做既能獲得滿足感，又能獲得收入。而我的畫，主要是一些心智圖、四象限圖，幫我讀書後總結、寫作時列提綱、糾結時梳理思緒。它們是讓我從沉重混沌走向輕盈清晰的橋梁（見圖 1-4）。

/ 04 /

「日子樣板間」的一天就是這樣的，其實不要硬逼自己每一天都過得像「樣板間」一樣。在我成為媽媽以後，孩子突然生病、工作加急加難、寫作臨近截稿，每一種情況都可能使我沒辦法悠然自得地在筆記本上畫上日程管理四宮格，但四宮格已經印在我的腦海中，不用寫在紙上，也能圖文並茂地浮現在

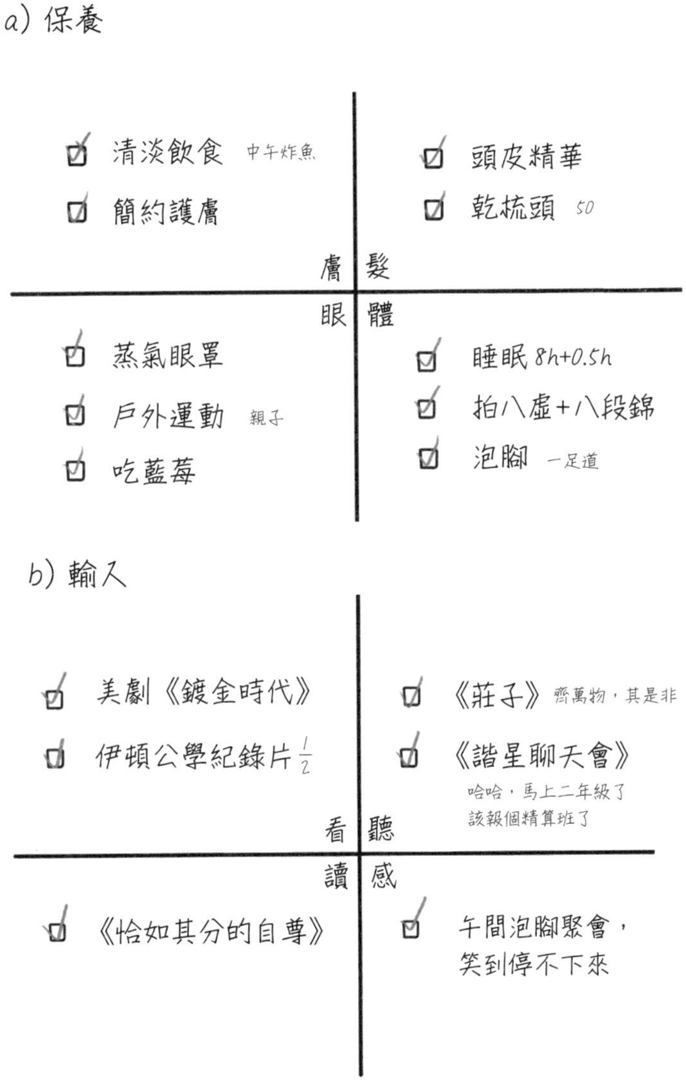
a) 保養
清淡飲食 中午炸魚
簡約護膚
頭皮精華
乾梳頭 50
膚
髮
眼
體
蒸氣眼罩
戶外運動 親子
吃藍莓
睡眠 8h+0.5h
拍八虛+八段錦
泡腳 一足道
b) 輸入
美劇《鍍金時代》
伊頓公學紀錄片 1/2
《莊子》 齊萬物，其是非
《諧星聊天會》
哈哈，馬上二年級了
該報個精算班了
看
聽
讀
感
《恰如其分的自尊》
午間泡腳聚會，
笑到停不下來

圖 1-4 作品示例

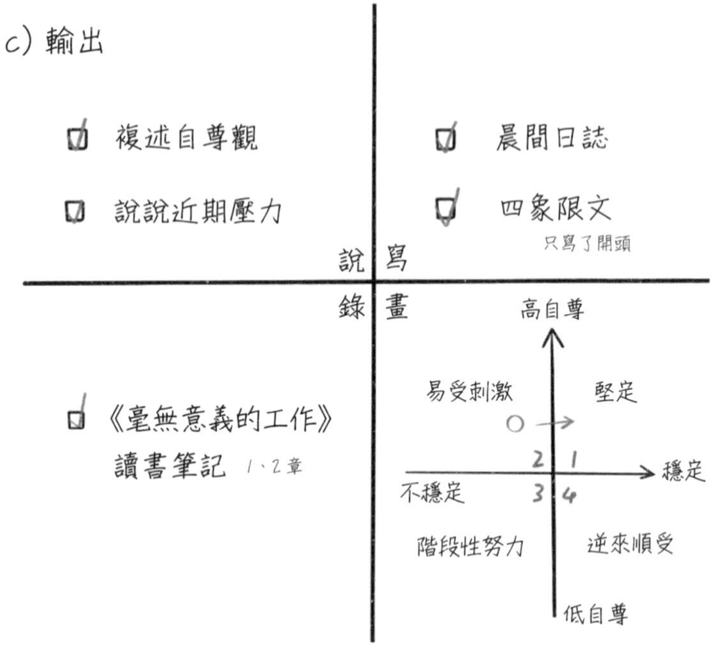

我腦海裡，像框架一樣穩住我，像燈塔一樣照亮我。

近年來有個網路流行語叫「口嗨」，形容光說不練假把式、說到做不到的行為。貶義歸貶義，旁人也能感受到說話者說的時候那種忘乎所以、極為過癮的狀態。

日程管理四宮格可以看作「寫嗨」，僅僅在紙上寫，我就能預知到快樂，計畫時「嗨」一次，落實時「嗨」一次，復盤時還能再「嗨」一次。這種快樂驅使我成為一名紙上組織者，更重要的是，讓我學會珍惜自己的日常。

每天三個四宮格，就能支撐起我的一天。我愈來愈敬畏記錄的力量。美國電視節目製作人戴倫・哈迪說：「為什麼奧運會的教練能拿到高薪？因為他們記錄下運動員每一次鍛鍊，消耗的每一卡路里，攝取的每一種微量營養素。所有獲獎者，都是記錄者。」

有個詞叫「飛輪效應」，指為了使靜止的飛輪轉動起來，一開始你必須使很大的力氣，一圈一圈反覆地推，每推一圈都很費力，但是推每一圈的努力都不會白費，飛輪會轉動得愈來愈快。

當你以輸出帶輸入，以輸入促輸出，學以致用，用以致學，並把輸入四宮格、輸出四宮格與保養四宮格相結合時，你會感受到整個人的方方面面，都像飛輪般轉起來，由慢變快，命運的齒輪也隨即轉動。

05 精力管理四象限：管住嘴、邁開腿，做「三好」成年人

/ 01 /

我體檢被查出二尖瓣中度逆流，醫師建議我不要進行劇烈運動；又因我辦卡的瑜伽教室倒閉，我這幾個月更是基本上沒有運動。再加上我的廚神老爸來給我們改善伙食，在一番「寬進嚴出」下，我的臂、腰、腹的「存在感」愈發強烈。

「管住嘴、邁開腿」的橫幅，自動在我的腦海中懸掛起來。這句大道至簡的口號提醒我，這三個月我之所以體重狂飆，正是因為我身在管不住嘴、邁不開腿的象限。

我知道，要做精力好、狀態好、身體好的「三好」成年人，最好守在管住嘴、邁開腿的理想象限。

有問題，找四象限。因此，我畫了個身材管理四象限（見圖 1-5）。

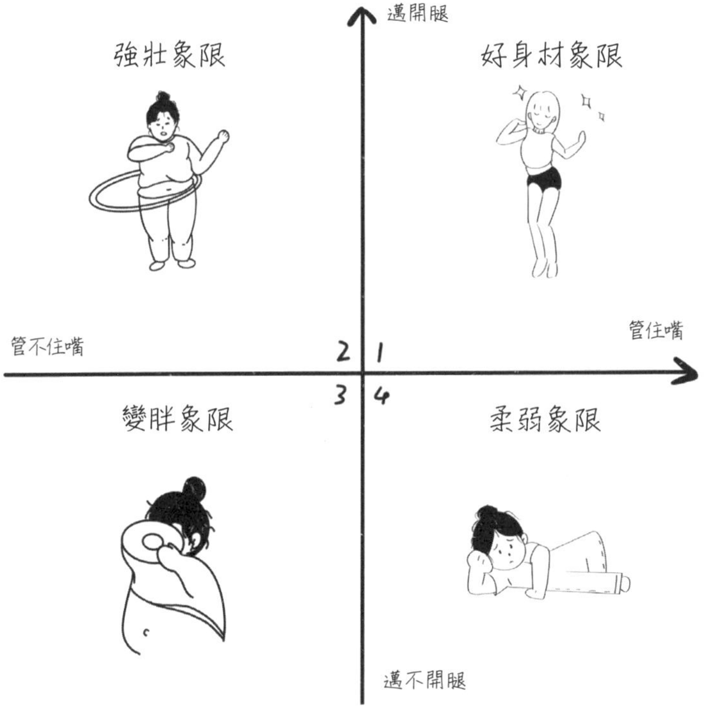

圖 1-5 管嘴四宮格

第一象限：管住嘴、邁開腿。

第二象限：管不住嘴，邁開腿。

第三象限：管不住嘴，邁不開腿。

第四象限：管住嘴，邁不開腿。

身在第三象限的我，想輕鬆有效地抵達第一象限，是先走第二象限，還是先走第四象限呢？

/ 02 /

我的心臟被查出二尖瓣上有條 2 毫米的縫隙，在要不要手術的問題上，有朋友建議我，如果決定要手術，首選北京的阜外醫院。於是，我開始重點關注這家醫院。看了阜外醫院的心臟復健醫師馮雪寫的《馮雪科學減肥法》，我有個意外的發現：作為心臟腦血管疾病權威的阜外醫院，在減肥方面的成功率高達 76%。

馮雪醫師說：「如果把身體比作水箱，這個水箱三進四出。三個進水管，分別是碳水化合物（以下簡稱「碳水」）、蛋白質和脂肪。四個出水管，依次是基礎代謝、睡眠、消化吸收食物時的耗能及運動和體力活動的耗能。減肥就是降低水箱裡的水位，在攝入和消耗之間，持續打造能量缺口。」

管住嘴（管嘴），管的是什麼？是熱量攝取。邁開腿（邁腿），邁的是什麼？是熱量消耗。我將基礎代謝、睡眠、消化吸收食物時的耗能、運動和體力活動的耗能，稱為邁腿四宮格。

管嘴四宮格減邁腿四宮格，能量為正值，說明有盈餘，此時人就會發胖；能量為負值，說明有缺口，人就會變瘦。

/ 03 /

機位拉近，給管嘴四宮格一個特寫（見圖 1-6）。

碳水的轉化率較高，讓人開心，不能不吃，但吃多不行。

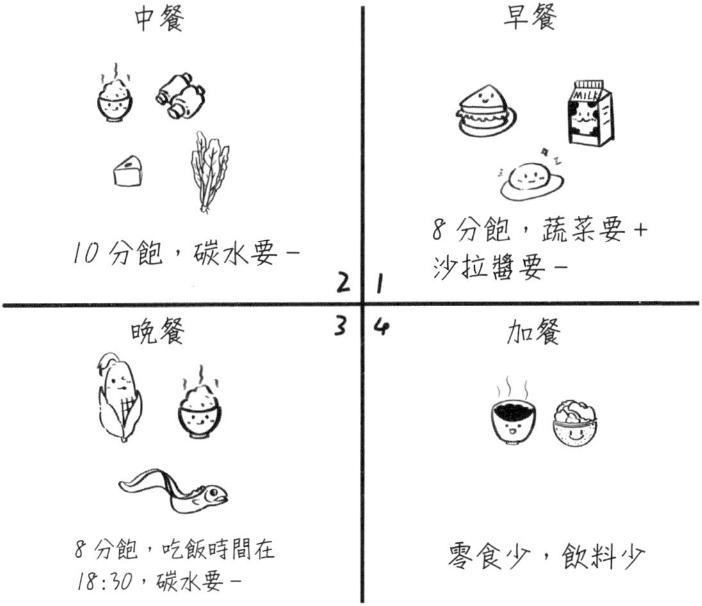

圖 1-6 管嘴四宮格

蛋白質的主要來源是肉蛋奶，有條件的話你可以選優質蛋白。脂肪的轉化率最高，吃多少存多少，難消耗，身體先消耗蛋白質也不消耗脂肪。

在實際操作中，我發現按照營養類型來做，管嘴四宮格很難落實，因為很多食物三種營養成分都包含了。於是我改成了：早餐、午餐、晚餐和點心四個宮格。

趁我還在減肥熱情期，我特別拿出時間，把一天中所有吃喝都列在相應宮格中。記錄數日，我就發現問題了。早餐碳水多，中午吃得過撐，晚飯吃得太晚，早午晚以碳水為核心，點心是情緒化進食。這也解釋了我的體檢報告上蛋白質低於正常值的原因。

後來忙起來，我僅記錄早餐種類，這關係著我一天的大部分蛋白質攝取、午飯吃幾分飽、晚飯的時間和碳水量。我對比過記錄與不記錄的飲食情況，不記錄的話我會無意識地投入碳水的懷抱，情緒化進食的機率更高。

/ 04 /

機位轉換，給邁腿四宮格一個特寫（見圖 1-7）。

基礎代謝，是人在靜止狀態下，維持生命的最低熱量。我測出來的值是 1336. 6 千焦，還算不錯。低碳生活、增加肌肉，

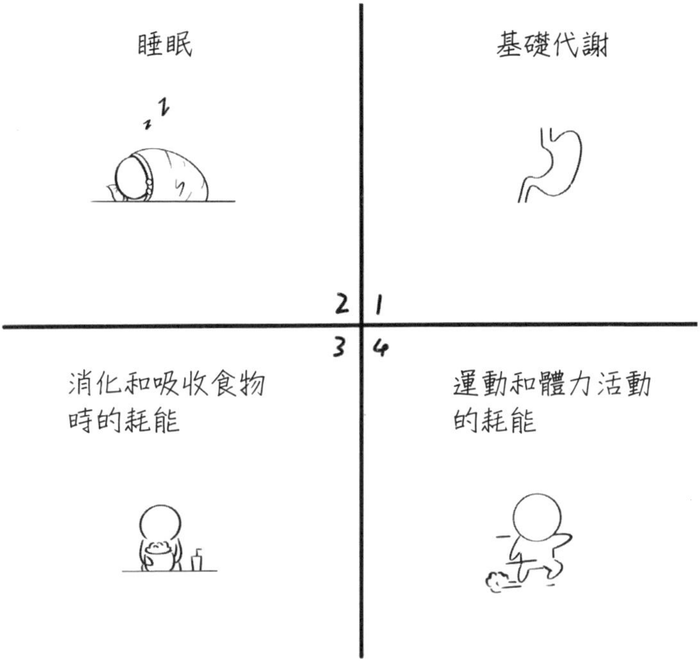

圖 1-7　邁腿四宮格

都可以增加基礎代謝。

睡不好、睡不夠，身體會分泌飢餓素，讓人胃口大開。睡太多又減少能量消耗。只有睡得剛剛好，身體才能分泌瘦素（或稱瘦體素）和生長激素。

消化吸收食物時的耗能，有操作空間，但不多。多吃蛋白質，身體消耗它，需要多耗能。

運動和體力活動的耗能，可操作空間很大。日常的體力活動會讓我有種為生活所迫的被動，運動則會讓我更有掌控感。

/ 05 /

回歸身材管理四象限，先看第二象限——管不住嘴，邁開腿。這是我每次減肥的慣用路徑。

有臨床研究發現，在減肥人群中，將單獨飲食控制組和單獨運動組進行對比。結果是單獨飲食控制組的效果比單獨運動組好。單獨運動而不控制飲食，減肥效果便很難達到。因為運動消耗的能量其實沒有我們想像的多，騎半小時單車消耗的熱量，喝一瓶雪碧就抵消了。

再看第四象限——管住嘴，邁不開腿。管住嘴更有效，但對我來說更難。

煮麵前：這點不夠吧？煮完後：好像煮多了。

我控制不住自己吃很多碳水，特別是在過節的時候。

《飲食術》一書的作者牧田善二說：「現代人無意識地過多攝入糖類，已經達到接近中毒的水準。」

怎麼管住嘴？我試過很多方法，都被我排除了。

記卡路里——排除，我沒那個耐心。

少量多餐——排除，我沒那條件。

數字飲食法——排除，有點自欺欺人。211（2 拳蔬菜，1 拳蛋白，1 拳主食）、減醣 433 餐盤（每日攝入的碳水占 40%、蛋白質占 30%、脂肪占 30%），對於我這個會把米飯像壽司一樣捏緊壓實吃進嘴裡的「碳水愛好者」而言，作用十分有限。

明星減肥食譜——排除，沒必要，我又不做明星。

按照湯、蔬菜、蛋白質、碳水的順序進餐，我盡力了，後來頂多前兩三口吃蔬菜和肉類，然後回歸以碳水為核心，其他都是配菜的局面。

盡量吃天然食物。蔬果能吃新鮮的就別吃加工的，能吃粗糧就別吃精加工的。即使優質，也得控制。

盡量找能量缺口。先減夜宵，再減含糖飲料，再減零食，熱量缺口還不夠大就減正餐裡的碳水化合物，循序漸進地減。感覺肚子不餓了，可以馬上塗唇膏，或把用過的碗筷放進水槽裡。

盡量攝入優質碳水，但再優秀的碳水，也不要吃太多。

盡量減少情緒化進食。現代人壓力大，經常「廢寢」，但從不「忘食」。大家總說，沒有什麼垃圾情緒是不能用一頓垃圾食品安慰的。人在負面情緒積累過多時，吃東西是為了發洩情緒，這樣容易暴飲暴食。

如果意識到自己是情緒化進食，可以試試「三口進食法」。

人們往往只在吃前三口時保持極大的熱情，之後就屬於慣性進食。三口之後，感知自己的飢餓程度和情緒，不想吃就停下來。一瓶價值 3 元的可樂，第一口的價值是 2 元，第二口和第三口的價值是 1 元；繼續喝，可樂就要向你的身體徵健康稅了。

管住嘴的要義是，在每天適合自己的總熱量中，選擇營養密度高、最接近天然、食材多元化的食物結構，減少過剩糖脂的空熱量。

/ 06 /

這次我先管嘴，管到一定程度後，再邁腿。

記錄管嘴四宮格，吃更多蛋白質，吃更少碳水，家裡的可支配零食少了，前三口吃蔬菜和肉。

先選擇讓自己不痛苦的管嘴方法，然後邁腿。邁腿也是先選擇輕鬆的方法。

看了多位專家學者的理論後，我選的邁腿方法是在跑步機上爬坡走，坡度設為 14%–16%，速度 4.5km/h 左右，心率保持在 110–129 次 / 分。鍛鍊時，我不聽歌、不想事，只專心走。我收緊核心、注意呼吸、甩開手臂，時不時地看智慧手表上顯示的數據控制速度，別讓自己走出心率區間。

一週測一次體重和維度，評估方法的有效性也能給自己一些正回饋。目前我堅持了半個月，效果不錯，得到的正回饋足以反哺生活和情緒。

我對自己有兩點期望：

第一，在賺錢方面，不要做高認知窮人。

第二，在減肥方面，不要做高認知胖人。

06 保養四宮格：做一個臟腑健康的成年人

/ 01 /

有段時間，我因為一顆痘，引發了一場「血案」。起因是我團購了一個貓山王榴蓮，本想全家一起分享，沒想到這個人怕上火，那個人聞不來。我在哀嘆眾人沒口福中全部吃下，第二天下巴長了一顆大痘。

一開始，我擠完痘後，沒當回事，照樣吃香喝辣。可就是這顆痘，擠了又長，愈長愈多。

自亂陣腳的我，一下忙著換清潔用品，一下忙著清除痘痕，買了幾種面膜，換了幾種精華液，跟著短影音博主服用祛痘保健品。意識到自己在家搞不定後，我趕緊去了醫院。醫師給我做了針清[1]，剛做完針清的那幾天，面對幾乎不洗臉、完全不化妝的素顏，外加下巴未脫落的血痂，我連照鏡子的勇氣都沒有。

一顆痘，能引發一場「血案」，也能觸發一場反思。我想到航空界關於飛行安全的「海恩法則」：每一起嚴重事故的背後，必然有二十九次輕微事故和三百起未遂先兆，以及一千起事故隱患。

我在復盤中檢視之前發生的一切。最近我壓力過載，無辣不歡，把牛奶當水喝，日光防晒係數（SPF）50+ 的防晒霜塗得太厚，用沒消毒的細胞夾捏白頭粉刺，女兒的頭髮經常碰到我的下巴，寢具更換不夠勤快……而最大的「嫌疑犯」便是我過度護膚，短時間內頻繁更換護膚品和保健食品的種類和品牌。我發現，過度護膚並不能讓我的皮膚變得更好。

此後的兩週，我完全恪守極簡護膚的原則。除了醫院給我開的修復液，我什麼都不塗，不塗防晒霜也不塗粉底液，在家少照鏡子、少碰臉。出門時我會戴防晒帽，戴能照顧到眼角的防晒口罩，在露天場合一律撐起防晒傘。

我發現極簡護膚省時省事，早上用清水洗臉，然後只塗一

---

① 一種局部治療痤瘡的輔助手段。——編者注

層成分簡單的修護乳液，看天氣預報說紫外線極強才塗方便清潔的防晒霜。晚上無須完成繁瑣的卸妝步驟，直接用洗面乳洗臉，再塗層乳液即可。

除了極簡護膚，我還特別注重飲食。我盡量遠離「辣麻」、「油炸」食物和「發物」，不喝牛奶，如果實在忍不住，就喝幾口無糖優酪乳。盡量多睡、多躺、多閉目養神。我的皮膚很爭氣，新痘一顆沒長，舊痘疤印漸淡。

照鏡子也給我帶來了驚喜感。由於硬防晒②做得好，皮膚沒被晒黑。下巴上的血痂脫落後，粉紅色的新皮慢慢退紅，向正常膚色靠攏。毛孔阻塞的情況銳減，黑頭和白頭粉刺少了很多，毛孔細緻了一些。膚色整體更均勻，氣色也更紅潤。以前背上偶爾長痘，現在洗澡時感覺背部十分光滑。

/ 02 /

很多行業的人，愛用四個字來總結行業功課。例如相聲界有四門功課——說、學、逗、唱；中醫界有四門功課——望、聞、問、切。

我在健康和保養方面也有四門功課——髮、膚、眼、體，

② 透過物理硬體遮擋太陽光的防晒方式——編者注

分別指代健康和顏值中我最關注的頭髮、皮膚、眼睛和身體這四個方面。

在過度護膚的日子裡，我的「膚」宮格滿溢。敷面膜、用清潔產品、吃保健品、喝膠原蛋白……時間精力有限，「膚」宮格一家獨大，其他宮格乏善可陳。

皮膚過度保養，危害超出想像。正如《極簡護膚》一書中，醫師張娟指出的那樣：大部分人保養品愈用愈多、愈用愈貴，皮膚卻愈來愈糟。因為很多人都相信，當皮膚出現問題時，就應該透過使用保養品來解決問題。過度清潔、過度營養、過度更換、過度保養，這些看上去為皮膚好的各種保養方法，到最後反而成為皮膚問題發生的原因。

保養的根本是學會相信皮膚，在做任何一個保養決定前，深刻地感受皮膚是否需要，讓保養回歸到皮膚本身，而不是一味地外求於保養品。

我發現，保養和育兒真的很像，你什麼都為孩子做了，結果你很累，孩子很煩，孩子的自驅力和主動性被你剝奪了，因為你不曾真正相信孩子。保養也是，你什麼都為皮膚做了，結果是皮膚正常的生理功能被抑制，你付出了時間和金錢，皮膚卻在你的付出中變得脆弱、敏感，甚至爆痘或過敏。

/ 03 /

在一場錢花了、罪遭了的局部毀容中，皮膚給我上了三節課。

（1）原則比各種方法重要一萬倍

如果你的方法和原則都是對的，那麼方法產生的效果是線性的，而原則產生的效果卻是複利的。

美國效率專家哈林頓·艾默森說：「就方法而言，可能有一百萬種，甚至更多，但原理很少。掌握原理的人可以正確地選擇自己的方法，只嘗試方法而忽略原理的人，肯定會有麻煩。」

對保養來說，方法花樣翻新，乾貨層出不窮，很多人漸漸迷失。其實保養的原則是：讓皮膚變好的，是皮膚自身的代謝，不是保養品。應擺正原則，時刻謹記這一點。

（2）一定要找到收益遞減臨界點

打個比方，我寫作用一·五小時，可以寫出兩千字；但我寫三小時，我連三千字都寫不出來，而且愈寫愈煩。

投入和產出像一條開口向下的拋物線，一開始隨著投入增多，產出增多；但過了最高臨界點之後，投入再多，產出停滯；再不收手，產出變負。不太懂又做太多，對人、對己、對皮膚、對身體，都是災難。

極簡護膚期，是我對之前過度保養的補救。等皮膚狀態穩定下來，我就要去找我保養的效果臨界點，能少花時間、少花錢，皮膚還更好，何樂而不為呢？

（3）允許主體發揮主觀能動性

養育了女兒後我有個心得：當孩子自己有好奇心、有自驅力時，家長就會省心。你若為孩子不辭辛勞，那麼你只會更加辛勞。

皮膚也是一樣，你要相信它有主動性，相信它有神奇功能。不要用所謂「為它好」的瓶瓶罐罐去破壞皮膚屏障，而要讓它自由呼吸，發揮功能。透過物理方法減少紫外線對皮膚的傷害，為皮膚提供高品質的睡眠、飲食、運動及良好的心情。一段時間後，皮膚自會原力覺醒。

/ 04 /

最後，還是折回來聊聊保養四宮格。

如果你沒有特別的訴求，只想維持穩定或小有提升，那麼我推薦「睡眠－飲食－運動－心情」這個保養四宮格工具。

你每天可以在筆記本上、電腦上，或腦海裡畫個保養四宮格，早上可以用來做計畫，晚上可以用來復盤。簡單地記錄或羅列，堅持三、四天以上，你就能知道自己的長處和短板，知道怎麼調整，知道如何平衡，能綜合性地幫自己全方位提拉狀態。堅持時間再長一點，你會更了解自己的體質，更接近保養的本質，更少走花錢又受罪的彎路。你更應知道哪些方法適合自己，哪些不適合自己，適合就保留，不適合就淘汰，留下能為自己打硬仗的精兵強將。

如果你有具體的訴求，想有的放矢、精準改善，那麼我推薦「頭髮－皮膚－眼睛－身體」這個保養四宮格給你。這是我最近一年幾乎每天都使用的四宮格，它已經常駐在每日記錄中，我親切地簡稱它為「髮－膚－眼－體」四宮格。使用這個四宮格的我彷彿給自己建立了一個隱形文件夾，平時滑影片、看書時，涉及保養頭髮、皮膚、眼睛的方法，我都會收集、記錄並嘗試。

我重點推薦思路。說句實話，年紀漸長，體檢報告上的問題也愈來愈多，綜合考慮後，我遴選出四個方面寫在四宮格中。

對於一個注重落實的羅列型四宮格，在第一宮格裡，我會優先敲定那些相對重要、容易上手、輕鬆度高，可隨時隨地開展的領域。所以我選擇了「頭髮」，因為我覺得頭髮在第一印象中很搶眼、很重要，而且由於我思慮過度、用腦較多，掉髮和白髮問題都令我困擾。

在「頭髮」這個宮格裡有很多常見詞條，而且還在不斷增加，比如梳頭五十下、五指梳梳頭、塗抹生髮精華、指壓穴位、洗頭時用蒸汽護髮膜。除了在家做的動作，也有外出做的項目，比如頭部撥筋、頭皮刮痧、頭皮卸妝等。

第二宮格是「皮膚」。我把皮膚作為這篇文章的切入點，在上文中講了很多。在「皮膚」宮格裡，詞條有面膜、鼻貼、去角質等，但我的經驗告訴我，愈是過度護膚，對皮膚的傷害愈大。因此，我們可以把臉部保養轉為護手、護腳或體內調養。

第三宮格是「眼睛」。因為我在工作和生活中會高頻率用眼，加上我從初中開始就近視了，這些年長期戴著五百度的近視眼鏡，又日常用眼過度。未來還得靠眼睛謀生，所以我很重視眼睛。保養眼睛的兩個原則分別是注重光營養和光距離，在「眼睛」宮格裡的詞條有：一拳一尺一寸、30 － 30 － 300（用眼三十分鐘，休息三十秒，看三百米外的東西）、眼球運動、眼部保健操、每小時窗前遠眺、眼部撥筋，以及使用蒸汽護眼罩、眼部按摩儀、眼睛噴霧器、緩解眼睛疲勞的眼貼，進行戶外運動和球類運動、吃藍莓等。

第四宮格我一般會選擇一個較為綜合的領域，我將「身體」定為第四宮格。在把頭髮、皮膚、眼睛這三項扣除後，我將有關身體的一切詞條都安置在此。我會在這個宮格寫上每天早上的空腹體重、午睡和夜間睡眠時長，以及當天的綜合保健養生項目，如運動、泡腳、泡澡、跳舞等（見圖 1-8）。

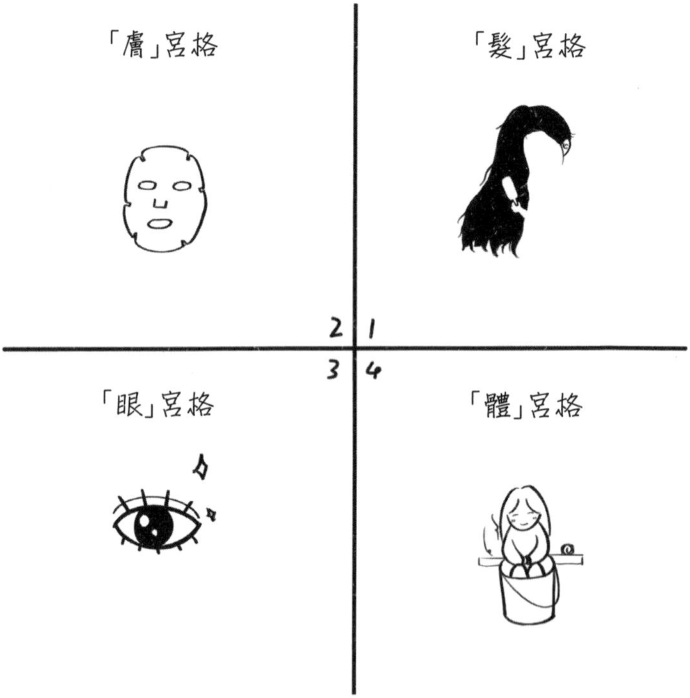

圖 1-8 保養四宮格

我用「髮－膚－眼－體」四宮格快一年了，這是我日程本上每日計畫中的重要一環，用來提醒自己每天要保重健康、保住顏值，哪怕我忙到連在日程本上畫保養四宮格的時間都沒有，我腦子裡也會閃現出「髮－膚－眼－體」四宮格的框架，結合手邊的碎片化時間，看看能做點什麼，應該往腦子裡的保養四宮格裡填點什麼。

平時，我起床後，會結合當天的狀態和安排，在每個宮格中填上一兩項，因為填太多項會給自己造成壓力。如果沒休息好、有點偏頭痛，我就在第一宮格中寫上「到店裡頭部刮痧」、「多睡覺」，平時可能就是「多梳頭、按百會穴三十下」；皮膚保養有點過度，我就在第二宮格中寫上「簡約護膚」、「硬防晒」；如果某段時間要填寫的工作表格過多，閱讀寫作過量，我就在第三宮格寫上「午睡時戴蒸汽眼罩」、「增加戶外運動」；週一、週三、週五在第四宮格寫上「八段錦」，週二、週四、週六則交替寫上半小時的「動感單車」或「橢圓機」等。

晚上到家找時間向身體做彙報，包括哪些完成得好、哪些因故取消，哪些做了替換。

我以一個過來人的經驗來保證，這絕不是自找麻煩，當你計畫、收集、記錄、復盤後，你便能精準保養、預防疾病、保持狀態。

在保養四宮格的守護下，我覺得我頭髮的掉髮問題解決了，皮膚的長痘問題解決了，眼睛的近視度數沒再增加，體檢報告數據也沒那麼難看了。

顏值是健康的延伸，健康是顏值的基礎，收下這個保養四宮格，做臟腑健康、閃閃發光的自己。

07 躺卷四象限：做人要通透，該躺躺，該卷卷

/ 01 /

有段時間，有位讀者說因為搞不清什麼時候該內卷、什麼時候該躺平，問我能不能用四象限的角度來分析一下。

正巧，我正尋找這個問題的答案。

同是天涯打工人，相逢何必曾相識。

她介紹了自己的情況。她在一家國企上班，所在部門是公司為數不多的盈利部門。雖然主管總說績效不好，但他不僅不去抓績效，反而開始抓管理。

員工每天都要在學習軟體上打卡，並且會在每週進行學習時間排名。

每天還嚴抓簽到簽退。有一天她去拜訪客戶，為了簽退，又繞了很遠的路回公司打卡。外出手續也變麻煩了，以前和主管打個招呼就行，現在按規定，必須填單子、走流程。

她說大家疲於應對各種行政管理，連與客戶溝通都需要進行心理建設，這種管理簡直本末倒置，因小失大。

回到家，心中煩躁還未消，她看老公、兒子不順眼，於是訓了孩子。冷靜下來，她又覺得愧對孩子。我相信她在描述時就知道自己的問題在哪裡，即她被迫在價值不高的事情上「卷」光了精力。但要怎麼用四象限來分析我還沒想到答案，我催自己趕緊想出來，讓自己解脫，也讓別人輕鬆。

其實縱坐標軸的兩端，我早就想好要放「內卷」和「躺平」這兩個反義詞了，但橫坐標軸始終懸而未決。

直到我看到美國制度經濟學家道格拉斯·諾斯提出的「生產性努力」和「分配性努力」這兩個概念。

生產性努力具有強大的創新性，能夠不斷增加社會財富；而分配性努力只是在不增加社會財富總量的狀況下，搶占社會的優勢地位，在分配結構中取得更大的個體利益。

簡言之，生產性努力就是努力創造價值，而分配性努力就是在價值固定的前提下，盡力使自身得利最大化。

腦子裡的小燈泡亮了，我的橫坐標也就有了——「生產性」

和「分配性」（見圖 1-9）。

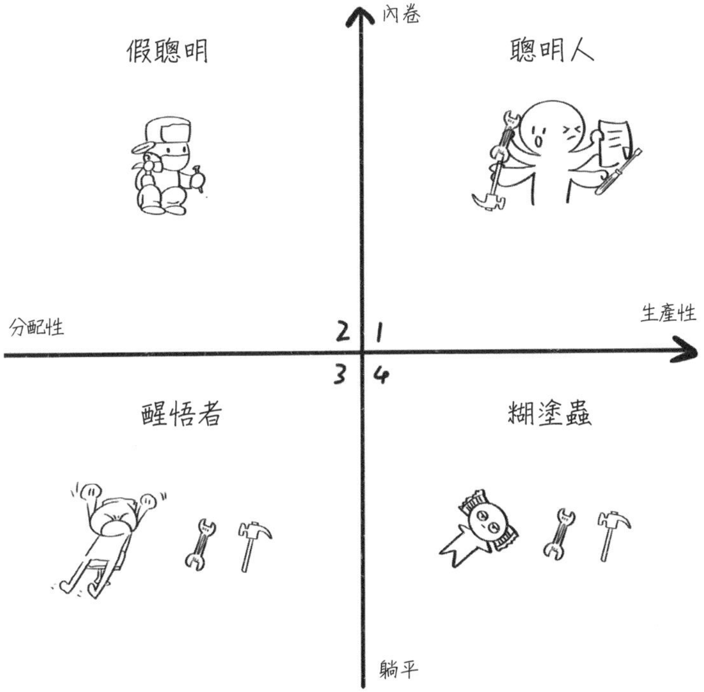

圖 1-9 躺卷四象限

第一象限：在生產性上內卷——聰明人。

第二象限：在分配性上內卷——假聰明。

第三象限：在分配性上躺平——醒悟者。

第四象限：在生產性上躺平——糊塗蟲。

/ 02 /

第一象限：在生產性上內卷——聰明人。

這個象限中的詞條包括：有益於社會，可以產生利他價值，擴大市場占有率，直接產生利潤，服務客戶並為其排憂解難。

例如突破被卡脖子的科技難題，提升公司利潤，提振行業影響力，為客戶帶來更好的體驗感。除了這些突破性、創造性、增量性的工作，還包括環境清潔工打掃衛生、育嬰嫂呵護嬰孩，以及行政部門為研發、營銷等生產性部門減少障礙……我認為這些都具備生產性價值。

對父母來說，養育孩子也是生產性行為，孩子在父母的撫育之下，從小到大，從懵懂到懂事。

不要認為在生產性上內卷就是無休止地加班，其實在原創性、創造性的工作中，感受是為了更好地創作，休息是為了更好地蓄力。

有段時間，我回老家見了一個高中同學，她跳槽到了一家私人銀行，跟我吐槽她的工作。

她從事信貸業務，以前覺得壓力大、工作累，要完成任務指標的 120% 才能考核合格。小額貸款的利率愈來愈低，她一邊跟我吐槽自己銀行的產品吸引力不夠，一邊和客戶講解產品有多麼好。另外，她還要不時和主管彙報自己的客戶是誰、要怎麼維護。明明八字還沒一撇，彙報過程已相當繁瑣，她的身體都快出問題了。

「後來，我決定換個工作方法。我少做分裂的事，不再自嘲拿著米麵油去推廣業務。既然要推銷產品，我就仔細研究我們銀行的產品，它可能在某個方面沒那麼令人滿意，但它確實有令人滿意的方面。另外，我也不再時時刻刻回覆主管的連環追問，找個空閒時間統一彙報。如果主管追問，我就說剛才正在與客戶溝通。」她和我說。

總之，當把精力聚焦工作中的生產性事務時，她在業績更好、提成更高的同時，彙報更少、休息更多了。

第二象限：在分配性上內卷——假聰明。

在沒有創造價值的階段，不想方設法提高效率和產出，只顧維持現有的秩序，鞏固既定的權力關係；在內部刷存在感，期待獲得更多內部資源。

社會層面，一部分人的考研、考公，屬於分配性努力。

家庭層面，同樣是兒媳婦，為什麼公婆沒送我們什麼東西，卻總是送嫂嫂禮物？其實我們真的沒必要把心思花在糾結這些小事上，容易影響心情、影響身體。

職場層面，員工花費在填寫各種文件、開會上的時間愈來愈多。人們上班裝成很忙的樣子，下班拖到很晚，同事們紛紛以更晚的下班時間刷新打卡紀錄；與會議不相干的一群人也被拉到視訊會議上，自己的工作做不了，要給別人當觀眾；行政部門花大量時間設計、分發、審批各種表格；寫工作彙報的時間比真正做業務的時間還多……

我剛工作時，目睹過一起業務分配的「慘案」。

當時公司的海外銷售部有位負責印巴市場的資深銷售員 A 離職了。主管將 A 的客戶分給負責中東市場的 B 和負責印巴市場的 C 維護。

C 不開心也不甘心，一是 C 不理解印巴市場的客戶為什麼要分給負責中東市場的人維護，二是做中東市場的 B 業績非常好，C 認為主管應該平衡一下，不能「旱的旱死，澇的澇死」。

C 找主管爭取了好幾回，B 知道後也和主管提出自己忙不過來。於是，A 的所有客戶都交給了 C 來維護。

然而，C 沒高興幾天就忙得焦頭爛額，怨聲載道。因為 A 跳槽去了另一家競爭對手公司，為了爭取原先的客戶，A 給客戶開出具有競爭力的價格，還告知客戶以往的差價情況。客戶覺得我們公司把大部分的利潤都分走了，十分不開心，於是 C 還需要花很多力氣去安撫客戶，向他們證明和解釋。而正是在那段時間，B 又爭取到一個新的大客戶，成為當月部門的業績第一。

我不知道 C 會不會後悔，因為分配性努力看上去省力，其實費力不討好，還不如自己開發新客戶。

第三象限：在分配性上躺平——醒悟者。

在職場上，有些配合行政管理的事情，如果不得不做，就要不帶感情色彩地迅速完成；有些會議只是作為背景出現，如果不得不去，你可以邊開會邊看一些對業務有幫助的資料。

我和搭檔慶哥一起運營公眾號「哪梁爽哪喜慶」。合作之初，我們就決定收益和義務平分。七年來，我們沒因分配而產生分歧，她有事我頂上，我忙的時候她幫忙分擔；我寫作遇到瓶頸時她鼓勵我，她出書遭遇不順時我出主意。我們在分配性上躺平，堅持認真寫好文章。我們是寫作上的搭檔，也是生活中的好友。

第四象限：在生產性上躺平——糊塗蟲。

有時，由於花在分配上的努力過多，人們精力不夠，情緒不好，真正有價值的事情反而沒有心情和時間去做。

在四象限中一眼就看出的問題，在生活中隨處可見。

在我看來，理想情況是，在生產性上張弛有度地內卷——做事時專心，休息時安心；在分配性上動用技巧躺平——用功勞說話，用數據量化。

要警惕長時間的分配性內卷，更要警惕對分配性內卷的結果不滿，報復性地在生產性上躺平。

/ 03 /

工作千人千面，我不敢保證躺卷四象限符合每個人的情況，但它有建設性之處在於以下幾點：

（1）天下苦分配性內卷久矣

前程無憂發布的《2022 職業倦怠報告》顯示，只有 12% 的群體能從上班中獲得快樂，職場倦怠指數為 68.4。倦怠感一方面來自過勞，另一方面則來自一種「荒蕪感」。人們逐漸發覺，大部分坐在辦公室裡的工作，帶來的往往是頻繁重複的勞動、冗餘的辦事流程、複雜的人際關係。

大衛．格雷伯在《40% 的工作沒意義，為什麼還搶著做？》裡提出，40% 的工作沒有意義，許多人自欺欺人地忙碌，給自己施加了精神暴力，陷入憤怒和怨恨，也讓社會付出了巨大代價。

有一些工作脫離了人類社會的真實需要，形成泡沫化分工，十分荒誕。所以，在某個綜藝節目裡，看到臺上的演員跳舞跳得手忙腳亂，動作卻都不到位時，一些人的代入感很強，感覺像極了自己的人生，很忙，但不知道在忙什麼。

社會學家齊格蒙·包曼指出，自工業革命以來，人們始終被一種「工作倫理」所控制，即認為工作本身就具有價值，是一種崇高且鼓舞人心的活動。

很多時候，我們對生產性和分配性的工作過於一視同仁，同等地對待有意義的工作和意義不大的工作，無差別地消耗著情緒和能量，還覺得「我卷我光榮」。

卷到一定程度，便卷不動了，於是放手不幹，聲稱自己要躺平。可一段時間以後，恐慌和壓力，又讓人不甘心、不放心、不安心，於是躺不平，又來卷。

我看到社交平臺上有人發帖抱怨，自己的工作很清閒，薪水也不低，但是總覺得自己的工作沒有意義，誰做都一樣。雖然這個帖子引起一些網友的羨慕，但我相信這位發帖人是真的不滿意。我建議大家在有時間、有精力的基礎上，多給自己增加一些生產性的工作，從而使分配性工作為你提供保障，生產性工作為你提供價值。

（2）真正要卷的事沒那麼多

有人戲稱自己是「卷心菜」，白天在公司，不知道公司同事有多卷，同事說你不知道行業有多卷；晚上回到家，打開手機，又會看到別人當媽有多卷，美妝博主為了美有多卷，美食達人為了早餐有多卷，帶貨主播為了業績又有多卷。

但其實不是所有事情都值得卷，卷的盡頭也不是躺平。

拿我來說，要卷的事＝工作中生產性的內容＋關乎孩子身心健康的養育＋業餘寫作有關創意和創作的部分。

按照「40% 是有意義的工作」的推斷，我的工作有 60% 不用卷；孩子的身邊還有我的父母、老師、朋友、其他親人，就算我責任很大，就算能者多勞，我也最多負責三成，還算輕鬆；寫作除了具體創作一篇文章、一本書，很多活動、感受、聊天、體驗都是以「玩」的形式在進行的。

這麼算下來，我不會終日陷入很卷、很累的感覺。痛苦感大大減少，我能以一顆鬆弛、輕盈的心來面對工作，不會一方面給自己過度施壓，另一方面又對自己賣慘，求自己放過自己。

如果你忙得一刻不停，忙得莫名其妙，那請你停下來想一想，一定有哪裡不對。

（3）生產性工作怎麼卷？分配性工作怎麼躺？

對待生產性工作，我們要用最大的熱忱專心去做，不考慮分配性，不能本末倒置，撿了芝麻丟了西瓜。

分配性工作，如果不能做得更好，就向上反映；如果可以少做，那就探索更省事的方法；如果不能不做，至少別帶著情緒做，例如一邊埋怨產品不好一邊推銷產品，一邊質疑表格的意義，一邊又不得不填。

請珍惜自己的抱怨，抱怨給能帶來改變的人聽，把精力集中在做生產性工作上。

第二章

令人內耗的關係，盡快斷捨離

珍惜一段令人內耗的人際關係，
因為它像鏡子一樣照出你的內在狀態，
讓你知道自己現在身處哪個象限，
更讓你知道想去哪裡，如何抵達。

停止不開心，讓自己幸福起來。

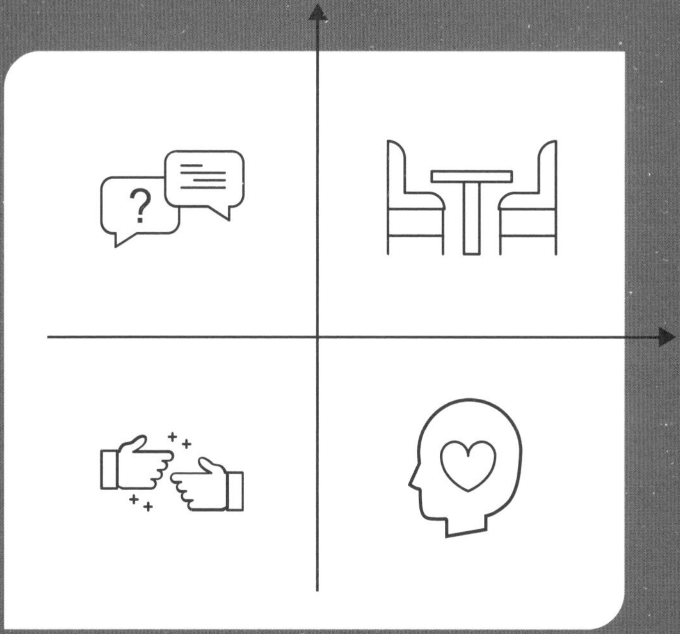

01 快樂四象限：如何做一個快樂的人

/ 01 /

同事的孩子今年高考，吃午飯時她問我們學什麼專業比較快樂。她說，孩子從小到大學習都很辛苦，希望她大學能盡量快樂，不過最終的決定權還是在孩子。

因為我也想把孩子培養成「諧星」，不是想讓她逗樂別人，而是想讓她學會逗樂自己，所以這個問題我還專門在網路上查了查。

國外一項針對四千多名學生的調查顯示，綜合「上學不為作業哭」＋「畢業賺錢多」這兩個條件，排行榜前十名的快樂專業有：人文科學、體育和運動科學、工程學、自然科學、數學、電腦、會計與財務、媒體與傳播、藝術與設計、現代語言學。

什麼？沒有生物，我表示不服。我謹代表生物類專業「出戰」。我們專業平時學業很忙，不過我和來自天南地北的室友們還是一起度過了非常快樂的四年。

她們中有夜跑愛好者，有遊戲愛好者，有寵物愛好者，有喜歡用掃把頭當話筒開演唱會的，還有用漫畫或動畫記錄寢室歡樂日常的……生物人眼中的快樂就是，大腦釋放出快樂激素，我們就感到快樂。

老師上課時說過，多巴胺、腦內啡、血清素、催產素，能調節心情（見圖 2-1）。

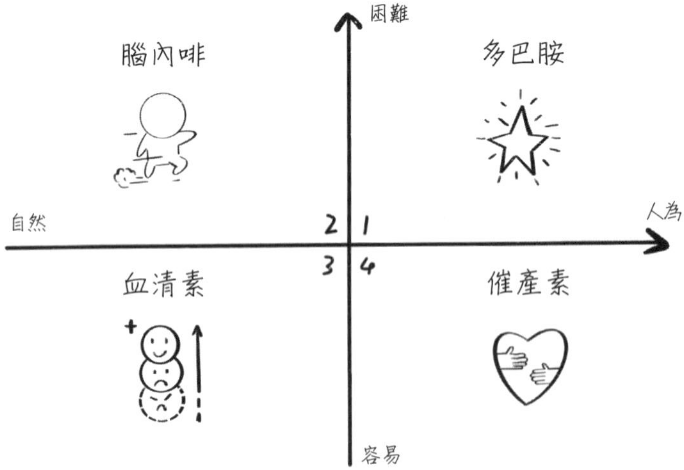

圖 2-1 調節心情四大激素

我們寢室的女生，對此深信不疑。

週五晚上 11 點後宿舍不斷電，福建女生玩遊戲玩得入迷，其他室友指出，你的多巴胺「吵」到我們了。

我和臺州女生熱愛夜跑，我跑十圈就停，而臺州女生還在跑。她說，腦內啡讓她根本停不下來。

大四時我總是失眠，夜裡整晚睡不著。室友們主動提出陪我晒太陽，幫我把血清素水準提上去。

那時的我們，快樂多，煩惱少。

/ 02 /

李白說「人生得意須盡歡」，電視劇裡總說「做人最緊要的就是開心」，有首歌唱著「討論一下你為什麼不快樂」。

成年人的生活沒有「容易」二字，但我們有快樂四象限。

第一象限：多巴胺快樂。

當人們的需求被滿足時，大腦會釋放多巴胺，多巴胺給人興奮感。

多巴胺是獎勵的荷爾蒙、興奮的傳送帶，給人即時獎賞，讓人感覺良好，令人容易上癮，分泌不足則使人倦怠。

這年頭，多巴胺不斷引發爭議，有句話叫「不要讓多巴胺毀了你的人生」。

這是因為很多人掉進「產生需求－分泌多巴胺－需求被滿足－短暫興奮－空虛失落－產生需求」的多巴胺陷阱難以自拔。滑手機、玩遊戲、吃甜食，外有神算法，內有多巴胺。這種「奶頭樂」[①]激素讓人只收穫了短暫的快樂。

於是，人們漸漸把多巴胺和低層次快樂混為一談，但其實多巴胺與學習、記憶、運動息息相關。

當我覺得疲憊時，我會馬上成為一個「多巴胺女孩」，滑滑影片，吃點甜食，這是我改變心情的首選。但一旦開始，我就很難停下，喪失了對時間的感知，條件反射地上滑影片，自我投餵，多巴胺不斷在體內翻湧。

事後因渾渾噩噩而鬱悶，因浪費時間而自責。奔著快樂去，拎著懊惱回，我意識到外在誘惑驅動的多巴胺所帶來的快樂，是條開口向下的拋物線。在快樂達峰之前結束或繼續，關乎我之後的心情。

之後，在滑影片前，我會設置鬧鐘；到點提醒時，面對「繼續」還是「停止」，我會問問自己：心情好了沒？要不要繼續？很多活動都能讓人分泌多巴胺，滑影片讓我感到快樂，別的活

---

① 「奶頭樂」理論，也有人譯為「奶嘴樂」，由著名地緣戰略家茲比格涅夫·布里辛斯基提出，引申涵義為娛樂大量占用人們的時間，讓人們喪失思考的能力。——編者注

動也能讓我快樂。做個內容消費者快樂，做個內容創作者更快樂，寫篇文章、想個選題、讀本新書……我可以用更好的方式分泌多巴胺。

喚起時間覺知，重新定義快樂，可以將多巴胺分泌從被動引為主動。

第二象限：腦內啡快樂。

腦內啡是天然止痛藥、心靈療癒所。

被打得鼻青臉腫的格鬥手不覺疼痛，奔跑得雙腳痠軟的長跑者精神無比，皆因腦內啡來了。

聽古典音樂，看大海和紅葉等美景，感受清風拂面，靜下心來冥想，專心做事進入心流，腦內啡又來了。

它讓人產生幸福感或微醺感，綿長而踏實，使人減輕壓力，深度放鬆。腦內啡的快樂，需要人們向內求，延遲滿足，堅持長期主義。

第三象限：血清素快樂。

我看到一個人情緒穩定，就彷彿看到他的血清素充足穩定。他應該是個睡眠良好、心理健康、自信發光的人吧。

血清素是情緒穩定劑、解憂雜貨鋪，患有憂鬱症的人，大腦中血清素含量往往偏低。

每當我睡眠不好、想法悲觀、缺乏動力時，我便知道，是時候提高血清素含量了。

提高血清素含量，在我看來最簡單不過。從做好臉部防晒的基礎上去晒太陽，回憶過去的巔峰或美好，這都是我喜歡且不費力的招數。

盡量上午去做以上事情，因為血清素一般只在上午合成。

第四象限：催產素快樂。

催產素這名字讓人以為只有女性在生產或哺乳時才會分泌它，其實男女都會分泌催產素。在愛與被愛時，我們的身體會召喚催產素。

我生完孩子的這三年，睡眠狀態不好，沒時間玩，但我煩歸煩，累歸累，每次看到光影下女兒的臉、摸到女兒肉嘟嘟的小臉時，我的心都融化了。

如果我意識到自己因為安全感下降，孤獨感升高而不快樂，那麼我會傾向於約朋友遊玩，去看寵物影片，看貓咪腳掌上的小軟墊、無尾熊抱樹枝、貓熊吃竹子，這些讓我感到暖心又療癒。

催產素讓我有愛、溫柔、平靜，感受與其他生命體的連結。

/ 03 /

我看快樂四象限就像看情緒的實時監控一樣，會不由自主地想起自己近期的生活狀態。

當我覺得不開心、有點沮喪、煩躁時，我會邀請自己在每個象限耐心地小坐一會兒。

看四象限之前，我常覺得不開心，心中有種難以名狀的壓力。看四象限之後，我的內心自動生成一帖快樂處方。

生活苦悶，日子寡淡，多巴胺少了；刺激上癮，沉迷消遣，多巴胺過多。

身體痛苦，心靈受傷，加點腦內啡。鬱鬱寡歡，沒有朝氣，調高血清素。缺安全感，缺少關愛，提振催產素。

調節激素時，建議優先選擇那些可以一箭雙鵰或多鵰的方法。

（1）堅持運動。三十分鐘以上的運動能促進腦內啡分泌，新鮮刺激、有挑戰性的運動可以促進多巴胺分泌。

（2）調整飲食。深海魚類、堅果能促進血清素的分泌，吃點黑巧克力能讓大腦釋放腦內啡。高脂飲食會阻礙多巴胺合成，別吃太多。

（3）休閒放鬆。曬太陽、泡個澡、聽音樂、做冥想，能提高多巴胺、血清素和腦內啡分泌。

（4）消費互補。商業顧問劉潤老師有個商業論斷：未來的產業發展到最後，也許都可以簡單歸類為多巴胺產業、腦內啡產業、催產素產業等。

同種激素對應不同的消費選擇，消費者可以為了快樂，有的放矢地補充相應激素。

平時用生活方式打牢腦內啡的底，用人際關係築好催產素的巢，動態調整多巴胺和血清素。

每天給自己調一杯快樂忘憂水，將其一飲而盡。

02 情感四宮格：保持心理健康，方能抵擋萬難

/ 01 /

美國小說家克瑞絲·坎德在《鋼琴的重量》中，寫了一個餘韻悠長的故事。

小說以一架製作精良的傳奇鋼琴為主線，把其前後兩任所有者——卡佳和克拉拉的命運交織在一起。兩人的結局分別是，前者失去了生命，後者擺脫了自己身上他人的印記。

看小說時，兩人的命運透過情感四宮格的形式映入我的腦海：親情、友情、愛情和自情（自己對自己的感情）（見圖 2-2）。

圖 2-2 情感四宮格

卡佳的情感四宮格如下：

親情：背井離鄉來到美國，與父母失聯，極為想念親人卻又無可奈何。

友情：在去美國前有志同道合的朋友，到美國後約等於沒有朋友。

愛情：和老公一見鍾情的愛情，早已被物資匱乏消磨殆盡。老公到美國後，工作不順，意志消沉、脾氣暴躁。後來她和一位同樣喜歡鋼琴的知心人心意相通。

自情：卡佳用生命在愛那架鋼琴，這是她抵禦痛苦的唯一方式，琴鍵上的手指是她與物質世界的唯一連繫。

當愛人去世、兒子成年後，卡佳四宮格全部變為空白，於是她選擇終結自己的生命。

克拉拉的初始四宮格如下：

親情：父母意外去世，童年停在十二歲。

友情：她在汽修廠工作，同事彼得關心她，但克拉拉的童年陰影讓她認為自己「一旦擁有什麼，就很容易失去」，太怕失去彼得的友情，不敢與他發展愛情。

愛情：克拉拉有過幾次淺嘗輒止的親密關係，失去會傷心，也不想深入，害怕真正的親密感。

自情：成年後人生傾向於惰性，沉悶空虛，連生日都不知道許什麼願，只有觀察機器才能讓她放鬆。

故事從她再次失戀、手部受傷、鋼琴被租走後徐徐展開。生活無奈的她，心繫鋼琴，一路跟隨，逐漸認清自己。

克拉拉後來的四宮格如下：

親情：寄養家庭對她很好，彼得的媽媽對她很關心，給她提供了親情的支撐。

克拉拉在直面內心、卸下包袱後，她和彼得的友情開始向愛情發展。

自情：意識到自己不想要什麼，就是了解自己想要什麼的開始；不知道前方有什麼，但也不關心身後是什麼。

卡佳的四宮格逐漸變得空白，於是她自殺了；克拉拉的四宮格起起伏伏，於是她解脫了。

看完小說，回到現實，我有點恍惚。小說裡鋼琴才女心灰意冷地跳崖，令人心臟抽痛。

我們每個人都應該關注心理健康。我認為「情感四宮格」是關注個人心理健康的好工具。

/ 02 /

「事情」這個詞我認為過於籠統、太混沌模糊。事和情是分開的，分別是事務和情感。

當今社會，人們的事務性工作普遍增加，擠壓了情感板塊的精力和時間。所以，要定期看看自己情感和事務的占比。

情感占比整體偏低，忙於工作，可能有點變成「工作狂」

了;情感占比整體偏高,忙於情感,可能有點變成「戀愛腦」了。情感和事務的占比都偏低,體會這種狀態下的感受,以此來決定要不要改變。

在電影《穿著Prada的惡魔》中,安德莉亞出場時是個幸福的人,與愛人、友人、家人相處和諧,但新工作打亂了她的平衡。當她向公司資深同事奈吉說自己的個人生活岌岌可危時,奈吉說:「等你的個人生活化為烏有的時候,那說明你要被提升了。」

流水線發明人、福特汽車創始人老福特說:「我明明想要一雙手,為什麼來了一個人?」工作自帶壓迫屬性,需要你付出時間、精力;但我們畢竟是人,事務多,情感少,是另一種維度的不完整和不幸福。

一個人達到事務和情感平衡的狀態,不僅重要,還能讓人自救。例如,對工作狂來說,總會有沒能成事,事與願違的時候。如果平時或多或少在維護情感四宮格,那麼在工作中被暴擊、被辜負時,情感給你撐開一把保護傘,可以大大緩衝現實打擊。多個支點,加倍安穩。

/ 03 /

除了關注整體情感占比,細分板塊——親情、友情、愛情、自愛，也得逐一清點。我們可以比較粗糙地在每個細分宮格裡分出高中低三檔（見圖 2-3）。

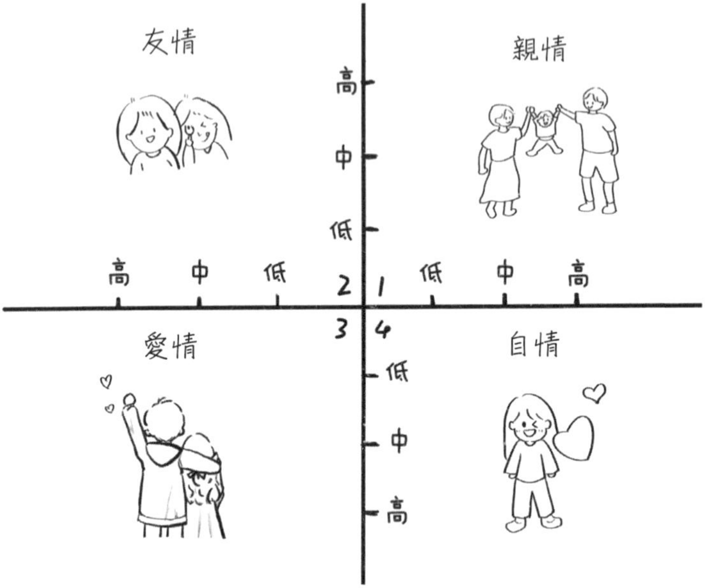

圖 2-3 情感四宮格（細分版）

沒短板（全部中高檔）。

恭喜，你是人間幸福人，但不排除有身在福中不知福的人。

如果你知足，那麼提高感知力，維持幸福就好。如果你想進步，可以將中檔稍微提升到高檔。

有長板（有低也有高）。

要珍惜，也要警惕，尤其警惕突發長板。友情和親情通常日久見人心，但愛情中不乏「一見鍾情」的情況。人們在突然陷入愛情時，容易忘乎所以，做出傻事。

短板多（低檔比較多）。

考慮替代或轉化。

我有個朋友，她的原生家庭經常吵架，她閃婚後也常和老公吵架。好在她朋友多，在家「受傷」後，她便跑到朋友家療傷。她把較低的親情和愛情轉化為較高的友情。

前段時間找我諮詢的一位讀者，她的原生家庭缺愛。我給她分析，說她老公知心、孩子可愛，我建議她用愛情和再生親情來替代原生親情。我提醒她，她自己是在童年時期被傷害的，如果長大後又傷害自己的孩子，會造成雙重遺憾。

每次轉化情感投射標的，雖困難，但值得。

透過提升和轉化，哪怕短板還短，但努力過了，人們便更容易接納缺憾。

其實，顧此失彼原本就是人生常態。

/ 04 /

最近，很多新老讀者來找我交流四象限（宮格）。有些四象限，我是先想出坐標軸，再呈現四象限的。

我率先在自己身上運用情感四宮格：先給自己一個情感彈窗，事和情尚在平衡區間。看完整體，再來細分。人生的每個階段，情感四宮格不盡相同。小時候，親情濃烈；單身時，朋友眾多；結婚後，愛情變多，朋友變少；生孩子後，愛情少了，親情變多。

我仔細看著自己近期的情感四宮格，發現最近親情滿溢，言必談孩子，閒必想女兒。於是我決定，女兒在一天天地長大，我需要多分點給愛情和友情。

我立馬行動，問好友要不要在某個工作日中午出來吃飯聊天；給青梅竹馬補送本命年禮物；邀請大學同學有空帶孩子來大連玩，或我們帶孩子去杭州玩……曾經關係不錯的朋友，你不維繫與他們的友情，他們也不維繫與你的友情，你們的感情就真的淡了。如果再見面，有太多的過往要補充說明，可能會失去見面的欲望。有人說，當你孤獨時、受挫時，滑著長長的通訊錄，你卻找不到可以聊天的人。為了避免這種情況發生，我們平時要多維護友情。

愛情宮格也是，應有意識地把老公從隊友、室友，拉回愛人、戀人。

親情宮格，對爸媽，我年輕時沒心沒肺。媽媽患上慢性病後，我才意識到，家人會老、會生病，以後會離開我，不如趁現在珍惜每次相處，讓歡聲笑語成為相處的底色。

自愛這個宮格，我一直很重視。想心事、寫文章、寫日記，做自己喜歡的事。接納自己，欣賞自己，寵溺自己以及愛自己。哪怕對你來說，親情、友情、愛情暫時都是短板，你也還有自己。王爾德說過，愛自己是終身浪漫的開始。

希望你有空也像我一樣，畫一個情感四宮格，溫柔地問自己：「情感和事務的比例是否平衡？情感四宮格的各宮格情況是否合心意？」我們可以在情感四宮格裡，調整布局，輾轉騰挪，撥開迷霧，平復心情。

對於心理狀態，緊急搶修也好，查缺補漏也好，慢慢微調也好。不要失望，更別絕望。生命不結束，便總會有轉機。

03 情商四象限：高情商是一種優勢

/ 01 /

《灌籃高手》電影上映後我第一時間去看了，看完後我瀏覽知乎頁面，看到一個問題：為什麼新手隊湘北能贏冠軍隊山王？

我的回答是：因為湘北在第一象限（見圖 2-4）。

知己知彼，知道對方強，研究對手，對對手有敬畏、有崇拜，但沒有恐懼，不覺得自己弱，堅持不放棄。每個隊員都能看到自身的局限性，並想辦法超越自己；讓籃球在五個人中流動起來，實現集體的瞬時超越。湘北的勝利實至名歸。

而山王，因為是全日本三連冠，所以沒太把第一次闖進全

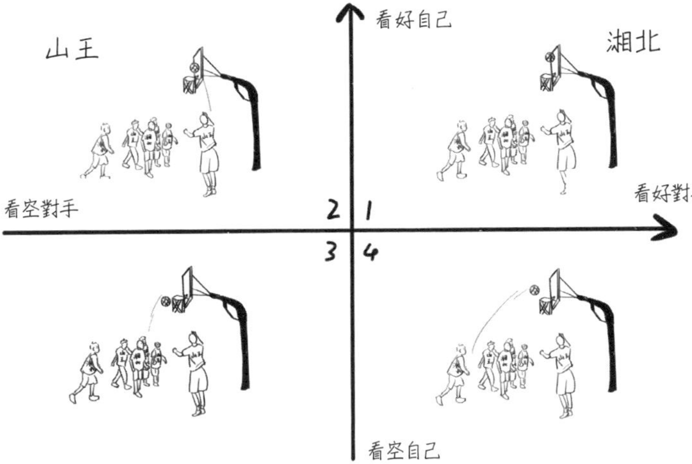

圖 2-4《灌籃高手》四象限

國大賽的湘北放在眼裡，上半場沒全力以赴。因此，山王的失敗在人意料之內。

/ 02 /

四象限縮小到個人也一樣。

我有個自身條件很好的女同事去相親，她直言，十場相親，八場沒戲。

有的男人夸夸其談、沾沾自喜、自命不凡、自吹自擂，大男人主義嚴重，唯我獨尊，覺得女人嫁給他就是坐享其成；女人只須穩住後方，做好輔助。這種男人簡直「油膩」而不自知。

（第二象限）

有的男人妄自菲薄，恭維女生長相好、工作好、家境好，自己處在下風。一開始以為是謙虛，而後發現是自卑。（第四象限）

有的男人覺得我條件一般，你也差不多，都這歲數了，有什麼好挑的，湊合算了。（第三象限）

只有一種與她相談甚歡，就是覺得我還行，你也不錯，哪怕感情沒戲，我們也能做個朋友。（第一象限）

愈凝視這個四象限，你對外界、對自己的認識愈明朗（見圖 2-5）。

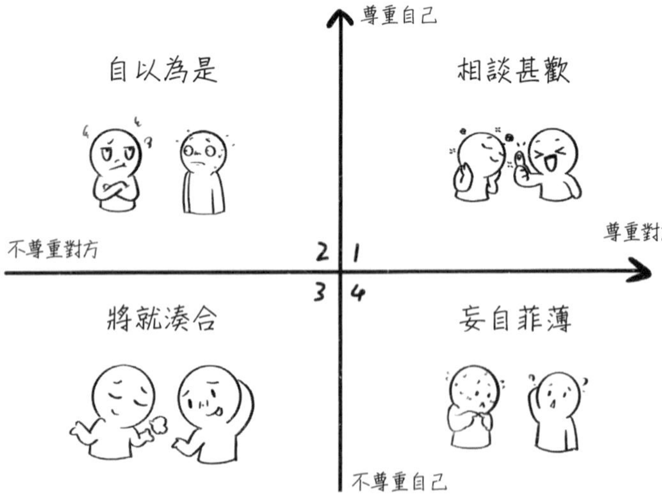

圖 2-5 相親四象限

/ 03 /

為什麼我推薦你扎根第一象限呢？

復旦大學的梁永安教授曾說，現在我們生活的世界有三重屬性：一是農業社會屬性，種瓜得瓜，穩定持續，期待風調雨順；二是游牧民族屬性，逐水草而居，隨著上大學和找工作離開家鄉，要適應，要融合，要追逐；三是海洋民族屬性，在全球化的今天，要拓新，要乘風破浪。

對自己與他人的欣賞、尊重、學習，會給你的收入、運勢、人際關係、溝通、性格等方面實實在在地加分。你好、我好、大家好。

第二象限，部分區域很安全。你專心做你執著的事，但將心比心，別人在做的事也許也是他執著的，我們不能全盤否定。

長期處在第二象限，我們可能會不自覺地指點他人，但結果往往是被指指點點。作家福克納譏諷道，誰也沒聽說過海明威用過一個需要讓讀者去辭典裡查一查的詞。海明威回應道，平庸的福克納，他真的以為崇高的情感，來自複雜的詞彙嗎？我和他一樣了解那些艱深的詞彙，但我更喜歡那些古老樸素的單字。

處於第三、第四象限的人，連自己都不欣賞、不尊重，早已把自己的士氣滅掉。

我覺得與「交」相關的詞，在這個四象限都能派上用場。交際、交往、交流…… 以己立足，盤活自己。情商高是一種優勢——愛自己，是終生浪漫的開始，是尊重他人的開始，是變好變強的開始。

為什麼情商高的人總能給人如沐春風的感覺？那是因為他們本身就處於春風之中。

04 人際四象限：令人內耗的關係，盡快斷捨離

/ 01 /

《納瓦爾寶典》裡有個幸福公式：幸福＝健康＋財富＋良好人際關係。

有人會質疑人際關係何德何能，可以和健康、財富平起平坐。作為博主，我確實從微博私訊和後臺留言中發現了端倪。很多讀者在親密關係中有失望，在同事關係中有博弈，甚至和陌生人也會產生糾紛，這讓他們異常痛苦。

我看著每封具體情況不一樣的私訊，漸漸發現它們的背後都指向同一根源，那就是「你如何看待別人和自己」。

《蛤蟆先生去看心理師》中寫道，每個生命都得經歷開始、

中間和結束這三個階段，人生開始階段有兩個問題，會顯著地影響後續人生。

第一個問題：我是怎麼看自己的，我好嗎？

第二個問題：我是怎麼看別人的，他們好嗎？

書裡說，覺得「我不好、你好」的人，通常低自尊，覺得自己差勁；在生活中虧待自己，卻善待別人。他們常見的三大心態如下：

（1）我是受害者

例如，有人會經常列舉自己遇到的不幸的事，選擇記住悲傷和不快樂的事，忘記或忽略美好的時光，認為自己的人生被不好的力量影響，自己無法掌控人生，經常產生憂鬱情緒。

（2）可憐弱小的我

例如，有人認為人人都在找我的碴，無論我做什麼，都覺得我不夠好。

（3）無論我做什麼，你都要愛我

例如，有人把生活弄糟或有意犯錯，就是想看看別人能寬容他們到什麼程度，何時排斥他們，然後說「早說過你會這樣對我」。

覺得「我好、你不好」，覺得自己對、別人錯，容易憤怒、愛指責，對別人評頭論足的人，他們常見的兩大心態如下：

（1）我抓到你了，你這個壞蛋

例如，上司把犯錯的下屬叫進來訓斥，借題發揮，小題大做，大聲咆哮，找到看似正當的理由發火，以證明別人無能、不可信，把斥責和懲罰別人視為己任。

（2）你為什麼總是讓我失望？

例如，有些挑剔型父母，擺出養育型父母的姿態，生氣發怒後，還說我比你更心痛，我是為了你好。他們把孩子貶得一無是處，而自己表現得高人一等，讓孩子自卑或自責，加強自身優越感。

他們不憂鬱，因為憤怒能夠有效抵禦憂鬱。他們不內疚，因為他們總是在怪罪別人。

/ 02 /

雖然我熱愛心理學，但我不喜歡有些心理學宣揚的「人生的最初經驗，影響後來發展」這類論調。哪怕這是事實，也給人一種「除了責怪原生家庭，現在做什麼都無濟於事」的感覺。

「如何看待自己和別人」這個問題，我覺得值得延伸，用於現在，面向未來。

現在請允許我用四象限展開分析這個問題。

橫坐標代表看待自己：我好、我不好。縱坐標代表看待別人：你好、你不好（見圖 2-6）。

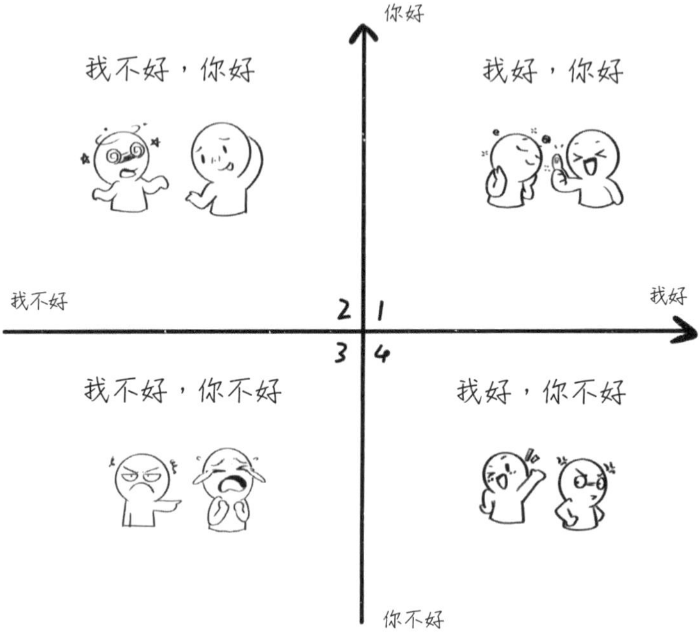

圖 2-6 如何看待自己與別人四象限

第一象限，我好，你好。

這是理想狀態，身處其中的你愛自己，也愛別人；你尊重自己，也尊重別人；你欣賞自己，也欣賞別人。婚姻中旺夫先旺己，育兒中育兒先育己，工作中利己先利他，達到「你好、我好、大家好」的和諧狀態。

第二象限，我不好，你好。

處在這個象限的人低自尊。順從的人覺得自己是受害者，可憐又弱小，委屈又無助；叛逆的人故意挑戰別人忍耐的極限。處在這個象限中的人是精神內耗大戶，又累又沒時間做正事。

第三象限，我不好，你不好。

處在這個象限的人如果攻擊性弱，則身心消沉，破罐子破摔，「先躺平為敬」；如果攻擊性強，則覺得「我倒楣也得拉你來墊背，我不好你也別想好」，把自己受過的傷當成自己傷害別人的邏輯起點，損人不利己。

第四象限，我好，你不好。

處在這個象限的人吹毛求疵，喜歡否定、指責別人，與他們相處起來有壓迫感。但他們也累，因為他們通常習慣慕強，也太想讓自己變強，給自己很大壓力和很多工作，活得忙碌而焦慮，常有付出感、犧牲感和悲壯感。

/ 03 /

很多給我傳私訊的讀者，其實只是暫時落入了「我不好，你好」的象限，想找個人訴苦。這個象限，我是常客，因此在此多講兩句。

我不太關注別人，特別關注自己，所以我總在「我好」或「我不好」的象限轉換。

產後有段時間，我和婆婆相處得不太愉快。有孩子前，我們只在週末或假日見面，彼此處於「我好，你也好」的最佳狀態。

生完孩子後，我的身材還沒恢復到生育之前，體力也下降得厲害。出了坐月子中心，白天老公上班後，很多事情我都需要婆婆的幫助，我一下子跌落到了「我不好，你好」的象限。

當時我經常覺得「我好可憐」，想吃不鹹的飯菜吃不上，想抱孩子但婆婆整天抱著；覺得「我好沒用」，連孩子哭鬧都哄不好，以及為又得乳腺炎而煩惱。

我的婆婆是個做事風風火火、說話直來直去的優秀女性，但在那個特殊時期，她的言行讓我認定她在「我好，你不好」象限。

她提醒我奶粉要多攪拌，平時我不會多想，但那時我自動將她的話翻譯成「她嫌棄我沖的奶有結塊」；她安慰我要保持心情舒暢，平時我不會多想，但那時我自動將她的話理解成「她暗示我的乳腺炎耽誤哺乳」。我感到鬱結、壓抑，後來我意識到，這只是因為自己當下處於「我不好，你好」象限而已，我急需回到「我好，你好」的狀態。

我需要空間、時間，讓自己變好。而與處於「我好，你不好」象限的人保持距離，約等於保護自己和守護關係。

所以，產假結束前的最後一個月，我白天自己看孩子，晚上老公下班照顧我們母女。我盡量休息，有空就看書、聽歌，並且開始運動。很快，我發現帶孩子沒有那麼難，她經常衝著我笑，也經常睡長覺。我也能花更多心思在自己身上，很快就回到「我好，你好」的好狀態，這對我的家庭、工作、心情、婆媳關係都有很大好處。

十年前，我在深圳時，在公司遇到一個和我同年同月同日生的女孩，我們很快結為摯友。她懷孕時，我在工作上幫她，生活上照顧她。這麼有緣的開局，卻換來了疏遠的結局。

她那時總是和我說，她的老公對她有多體貼，她家全額買了房，站在房子的窗前能看到大中華國際金融中心，從她家出去走一會兒就到市民中心了……由於那時的我剛畢業，心智還不成熟，聽了太多這些話後，被她活化了我心底的「我不好，你好」象限。

後來，我實在不能忍受自己已經這麼慘了，還要去捧她的場，便漸漸與她拉開距離，不聽她曬幸福，多與其他合得來的朋友一起玩。透過做志工、玩遊戲、尋找美食，自己看書、追劇、運動，我的狀態又慢慢好起來。

從那以後，我更願意把精力花在自己身上，多做令自己舒服的事情。

我給自己設置了緩衝區，不隨便讓人離我的物理和精神距離過近。走得太近，容易在虛弱空檔，被輸入憤怒和挑剔，讓我從「我好，你好」的象限跌落「我不好，你好」的象限。

我的人際關係和我當時的狀態強相關，我喜歡在自己狀態好時再出去社交，這樣我可以和朋友相互尊重，彼此滋養。當我狀態很差時，我就和朋友保持距離，夯實內心，啟動緊急自我保護機制。

我相信，我的狀態好了，人際關係才會好。

/ 04 /

當我處於第一象限（我好，你好）時，我會盡力保持住這種好狀態，平時多和處於第一象限狀態的人交往，對讓我跌落到「我不好」象限的人和事，具有較強免疫力，力所能及地把處於「我不好」象限的朋友拉回「我好」象限。

當我處於第二象限（我不好，你好），覺得自己不夠好時，多去想想自己好的方面。想也行，寫也好，列舉自己過去的高光時刻，例如某科考試取得高分，某場比賽獲得名次，某個會議提出亮眼觀點。這些或大或小的成績，可能是努力所得，也可能是運氣相助。羅列高光時刻一覽表，會顯著增強阿爾伯特·班杜拉提出的「自我效能感」，會讓我們對自己感覺良好，幫助我們應對挑戰、克服障礙。

當我處於第三象限（我不好，你不好）時，就想想我喜歡的英國作家珍奈·溫特森。珍奈的母親曾對她說：「宇宙是一個浩瀚的垃圾桶。」珍奈問母親：「桶蓋是關著還是開著的？」母親說：「關著的，沒人逃得了。」

而珍奈認為，自己沒辦法活在一個合上蓋子的浩瀚的垃圾桶裡，她說：「我過去和現在都熱愛生活，我心情不好時，就走進山脈遊蕩；被鎖在門外或煤庫時，我就編故事；母親反對我看書，我則按作者姓氏字母順序，從 A 到 Z 讀完了圖書館英國文學散文類的書；書被媽媽收走，我就開始背書。要以鮭魚一般的決心逆流而上，無論水流多麼洶湧，因為這是你的河流。」她打開了垃圾桶的蓋，成功逃出來，成為英國知名作家。

當我處於第四象限（我好，你不好），覺得別人不夠好時，就多想想別人好的方面。盡量不要對別人說難聽的話，做難看的事，生氣時盡量別說刻薄話。你的情緒會過去，但給對方造成的傷害可能伴隨一生。挑剔別人者，人恆挑剔之。

總之，珍惜一段內耗你的人際關係，因為它像鏡子一樣照出你的內在狀態，讓你知道自己現在身處哪個象限，更知道想去哪裡，如何抵達。這樣做不僅可以理順人際關係，更能調優自我狀態，把自己作為方法。

停止不開心，讓自己幸福。

05 破立四象限：遇事最有水準的處理邏輯

/ 01 /

前段時間，我看完了伊北的小說《熟年》。小說開篇緊抓我的故事線是，一個工作體面、家庭美滿的中年男人，鐵了心要大破大立。他要辭職，卻不是為了跳槽。他放著好好的生活不過，非要改變，為什麼？

故事的男主角本是大學教授，母親不用自己操心，兒子碩博連讀。但自從他體檢時查出腦內有陰影（沒確診），就開始折騰。他要離婚，要辭職，想出國，想轉行，要大隱隱於市，要只為自己而活。

妻子覺得他是毛姆的書看多了，或者是要學海明威。

最後他經歷了母親患上阿茲海默症、和妻子離婚、兒子叛逆、兄妹遇事等一連串挫折後，才發覺自己在大破之後，並沒立出什麼來。

書裡有段他的臺詞：「我想反抗，我要建設……我不知道自己能反抗什麼，建設什麼……反抗的意義又是什麼？一切打碎了，發現並沒有新的東西長出來，還是迷茫，還是彷徨……人生似乎沒有意義，誰不是在努力賦予它一點意義，就在這點意義上，見出了每個人人生價值的高低。」

這部小說對我來說後勁大，因為我在代入男主角的動機中，偶然窺見：原來我們每個人，都顛簸在這又建設又破壞的人間啊。

/ 02 /

於是，我把建設和破壞提取出來，建立四象限（見圖 2-7）。

第一象限，邊建設，邊破壞。

感情不順，大不了就分手，分了找更好的；工作不順，大不了就裸辭，辭了找更棒的。

梅花只有寒徹骨，才能撲鼻香。大破大立，大拆大建，置之死地而後生。

第二象限，不破壞，但建設。

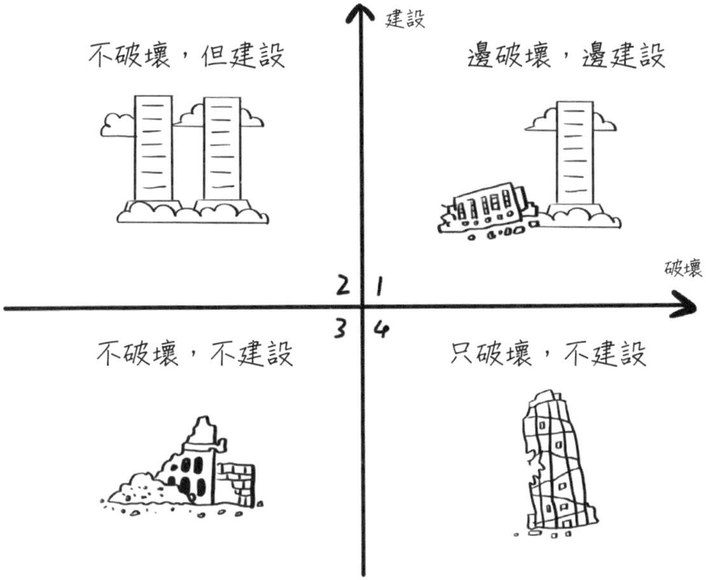

圖 2-7「建設－破壞」四象限

不破而立，理性、保守、把穩。不怕破，但不主動刺破，建設著真正在乎的東西。面對關係，只篩選，不改變，盡量不要做掀桌的人。面對工作，穩住到手的，追求更好的。

第三象限，不破壞，不建設。

夢裡道路千萬條，醒來還走那一條，一直待在舒適區裡不改變。

第四象限，只破壞，不建設。

破罐子破摔，最後連個破罐都沒有。不可持續處於這個象限，如無外力支援，很快就會被淘汰出局。

/ 03 /

為什麼我建議你畫個「建設－破壞」四象限呢？因為這樣除了能增進自我認識，也能評估周圍環境，找到適合自己的路。我想著重提醒三點。

（1）大破大立，沒有那麼好

在很多影視作品中，為了故事性，編劇總在寫第一象限的故事，這似乎是個「爽文」[①]象限。我們在生活中也在被影響。

人們覺得要把大城市工作辭了，去大理、麗江等地，才能過上慢生活；賈伯斯得砍掉支線，才能做出爆款；王陽明得失意至極，才能龍場悟道；故事主人公得吃盡苦頭，眾叛親離，支離破碎，末路英雄感攢夠，才能翻開東山再起、王者歸來的新篇章。

可生活中，我們真的能承受大破嗎？一定要大費周章地調整狀態嗎？非得傷害身邊人才能活出自我嗎？

---

① 一種網文類型，指主角從故事開始到結尾順風順水，升級神速。——編者注

每臨大事有靜氣，靜而後能安，安而後能慮，慮而後能得。不要遇事就暴躁，人生宜多建設，少破壞。

皮膚要多防晒，少曝晒；財務要多收入，少支出；人要積攢好習慣，遠離易上癮的惡習。

（2）不破也立，沒有那麼難

我的一位諮詢者很煩惱，她說雙方長輩都不願意幫自己帶孩子，因為當長輩帶得不好時，她總是不停抱怨。雖然我覺得她的怨氣完全合理，但還是感到可惜，把與破壞纏鬥的精力，用於好好建設，就好了。

很多人，包括我自己在內，都會被生活裡繁雜的事情破壞力量，耽誤建設力量。

老人的問題想不明白就不想，何必激化衝突；保存關係框架，轉身去做更重要的事——帶孩子，工作，維護家庭關係。

建設和破壞不是一條線上的兩端，而是兩個維度的選擇。

我以前愛憎分明，對待不喜歡的人習慣忍耐良久後講清並封鎖，但我發現自己真的做不到事後完全無感、一身輕鬆。有時我會念及對方的好，有時還會覺得自己過分了。而當我封鎖時，就相當於把對方定性，為了合理化我的感受和行為，我得一直想對方的不好，想自己受到的傷。

其實，保存過去記憶中的閃光點，對自己有益且有助於輕盈轉身、專心建設。人犯糊塗時，就是喜歡跟破壞糾纏。

用太多精力去應付別人對自己的破壞，好不容易才修復，又被別人輕鬆打敗，甚至沒人來破壞你，你還會繼續破壞自己。

在破壞維度，建立屏障，保護自己，因為破壞自信、情緒、心理健康很容易，修補則很難。

一個通透的人，能識別破壞力量和建設力量。保護好自己，少被別人破壞，更別自己破壞；找到自己的維度去發力，去建設。

（3）不得不破，請加倍建設

我們不想破，但也不怕破。

友誼方面，與這個朋友關係破裂了，要更珍惜其他知心好友。事業方面，不在這家公司／這行做了，要全力以赴做些新東西。注意破壞的度，盡量不破壞別人，不破壞自己，然後不動聲色地，把新維度建設起來，哪怕是一點一滴的微建設。

06 身心四象限：從身心俱疲到身心輕盈

/ 01 /

我和好友上班的地方隔著一條街。有天我們中午約吃飯，一見面，她還沒摘下口罩，我就看出她的滿眼疲憊。她摘下口罩後，我看到她的臉色十分憔悴。

一坐下她就聲稱，自己能馬上表演八個機位的苦笑。

她跟腱炎犯了，每天早上送完女兒，就在女兒學校門口的醫院做針灸，再趕去上班。

女兒不省心，老師要求孩子背誦完古文，並錄段影片傳給老師。明明孩子能流利背誦，一對著鏡頭就頻頻出錯，錄十幾次還不過關，母女都崩潰了。

工作也很讓人心煩，她接手了一塊「難啃的骨頭」，天天對著電腦，頸椎痛得一扭動都得咬後槽牙。最嚴重的那幾天，還得戴著頸托去上班。

老公讓她煩，近期有兩家外地公司挖角他，夫妻商量不了幾句，就得吵架。

她最後總結道：「真是身心俱疲。」

我問她：「你是想單純找我聽你吐槽，還是想找我幫你想辦法？」她說：「你只聽我吐槽，這頓你請；你能給我方法，這頓我請。」對於好朋友，我提供建議且請客。

/ 02 /

我準備使用「四象限」這個思考工具（見圖 2-8）。

我去前檯要來紙筆，手起筆落，在紙上畫兩條垂直相交的線。橫軸為身體，縱軸為心情，四象限躍然紙上。

第一象限：身體好，心情好。

第二象限：身體不好，心情好。

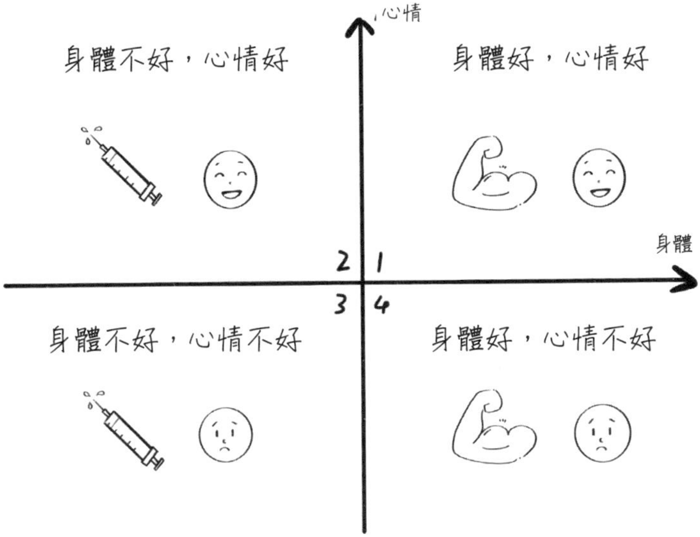

圖 2-8「身體－心情」四象限

第三象限：身體不好，心情不好。

第四象限：身體好，心情不好。

她指著第三象限，說：「我不僅在這，還深深扎根。我現在身心俱疲了，快要身心俱廢，想要身心愉悅。」

我一步步地引導她：「現在你身處於一團模糊的負面情緒中，身體不好、情緒低落。你目前處在第三象限，目標是第一象限。」

接著我又問她：「在你看來，你的壓力、不快、煩悶，主要是身體不好造成的，還是心情不好造成的？儘管身體和心情相互依存、互相影響，但我們要將問題的範圍變小。身體不好，特指你的跟腱炎、頸椎病；心情不好，特指夫妻溝通、工作分配、女兒學習等事情擾你心緒。身體原因和心情原因，你覺得誰主誰次？」

她思考片刻，肯定地回答：「身體。」

接著，她彷彿在說服我，或在說服自己：「我連自己身體問題都處理不了，家事和工作想處理也處理不了。」

我指著紙上的四象限，對她說：「你現在已經從身體不好、心情不好的第三象限，爬到身體不好、心情好的第二象限了。記住，你現在心情很好，那些讓你心情不好的刺激已經沒有了。例如對待女兒，她要背課文並錄製影片，那就讓她自己背完自己錄，說不定還能輕鬆一條過。對待老公，他的工作由他來定奪，你只要說『你做什麼決定我都支持你』即可。」

看她欲言又止，我又說道：「你得先解決自己的身體問題。現在專攻身體問題，方法分針對性和普適性兩種。」

隨後，我對她進行了詳細的解釋。針對性的方法是，對於跟腱炎和頸椎病，你要回憶以往就醫的醫囑，沒做到、沒做好的要馬上改進。找出三至五個符合習慣的復健動作，每天堅持做，並觀察效果。發動線下朋友和線上朋友圈的力量，找到有類似病史的朋友，請教對他們來說有效果的按摩方法、醫院、醫師、技師、儀器等，並且去嘗試。

普適性的方法，則要平時多儲備。少想、多睡，健康飲食，適度運動，這些都是老生常談。我又告訴了她三則我正在驗證的新知。

1 進食順序：不同食物的消化速度不同。澱粉類是鹼性消化，需借助口腔唾液；蛋白質是酸性消化，需依靠胃液。蛋白質和澱粉一起吃，會酸鹼中和，消化緩慢。因為水果中富含單醣類物質，空腹吃下的水果，通常在小腸被吸收；胃裡有食物時，留給小腸的水果已不新鮮。

2 控制食量：不要吃太多，或許對健康更有利。美國的科學家做了一項長達二十年的隨訪研究，數據顯示，人每天進食量減少 30%，壽命可延長二十年。

3 正確呼吸：呼吸頻率愈慢，壽命愈長。成年綠蠵龜每分鐘大概呼吸五次，壽命約為一百五十年；人每分鐘平均呼吸十八次，壽命約為八十年；狗每分鐘約呼吸二十八次，壽命約為十五年。

對我而言，我做不到將蛋白質和澱粉分開吃，但少吃幾口食物，飯後不吃水果，每天做幾個深呼吸，這些我都可以做到。我還會在散步時花三分鐘做 142 呼吸法——先吸氣 1 個單位時間，然後憋氣 4 個單位時間，再呼氣 2 個單位時間。

我告訴好友，好好照顧身體，也許病痛無法馬上痊癒，但發作的間隔會延長，程度會減輕。等身體的狀態恢復到及格線，你再解決心情問題也不遲。

而解決心情問題的方法也分針對性和普適性。

針對性的方法是，關於家庭，你可以看看薩提爾的家庭重塑；關於個人，你可以試試皮爾斯的完形治療法、卡爾夫的沙遊療法等。有些問題前人早有研究和辦法，多看多試，去蕪存菁。

普適性的方法是，泡澡、運動、音樂、遊戲、電影、郊遊等。人類的悲歡並不相通，每個人快樂的方式也不同，選擇適合自己的就好。

/ 03 /

飯後，好友拿走了我畫的身心四象限，我也希望它能被更多的讀者使用，因為它是我的「煩惱消消樂」。當我感到煩、累、苦時，我會抽五分鐘，畫個身心四象限。

第一象限是理想國，第三象限是鬼見愁。我對照身心四象限，追問自己對於目前困境，身體欠妥和心情欠佳，哪個責任大？

我曾處於「身體不好，心情好」的第二象限。

幾年前，爸媽來看我。我爸炒四季豆沒炒熟，導致我夜裡吐了幾次。第二天我埋怨我爸，話說得有點重，讓他心寒好久。這一次，爸媽來看我，帶來了牛肝菌，好吃到我的筷子根本停不下來，結果吃得太多，暈眩又腹痛，夜裡不得不去醫院看急診，拍 CT（電腦斷層掃描），驗肝功能。但這次我沒說什麼，還和爸媽開起了玩笑。

這件事不僅代表我長大、懂事了，更是因為我在抱怨之前，又想起了身心四象限。處於「身體不好，心情好」象限的我，難道要把自己折騰到第三象限嗎？我是覺得自己不夠慘，還要對自己落井下石嗎？我應保住好心情，設法讓肝功能好起來。

我也曾處於「身體好，心情不好」的第四象限。

幾年前，我和老公吵架，本來那天我的身體無恙，卻因為一件莫名的小事，變成了「我吵－他槓－我哭－他驚」。那天我哭時沒用好氣，一時氣上不來，像哮喘病發作，於是他想辦法助我呼吸。折騰了半小時，我才呼吸順暢。

前幾天，我和老公又因育兒問題冷戰，晚上我心煩到沒睡好，第二天早上起床感覺頭有點不舒服。於是我馬上和他講和，因為關係僵著很耗神，我不能讓自己的頭從不舒服，發展到頭痛。

不是我成熟、體貼了，只是頭不舒服的時候，我又想起身心四象限。處於「身體好，心情不好」象限的我，難道要把自己拉到第三象限嗎？

我自問：何苦、何必、何至於此？

我不要像多米諾骨牌，倒下一個就倒下一排。

每當我把自己看作瑪利歐，在被路上各種障礙輪番「攻擊」時，身心四象限就會給我放下兩架長短不一的雲梯。夠到一臺，爬著爬著，就能夠到另一臺；接著收集金幣，一路坦途。所以，我把身心四象限，力薦給各位讀者。

少做給自己添亂，修正起來費時費力的糊塗事，要做哪裡不好修補哪裡的聰明事。一塊布有點裂痕，可能本來拿針線簡單縫補一下就行，若你非得情緒發洩般地把布撕開，則事後需要付出更多時間和精力才能把布拼接好。

生活已經很累了，別讓自己更累。身體健康，心情愉悅，這樣多好。

第三章

把日子過出鬆弛感

當你能拿得起、放得下時，
你會發現原來的無效工作占用了很多時間，
你完全可以用節約下來的時間，
愛工作中的自己。愛自己在先，你才會擁有能量；
擁有了能量之後，再去想這些能量用在哪裡。
內耗最小化，你將更能看見自己，也更能被人看見。

01 當媽四象限：當個輕鬆媽，養個省心孩子

/ 01 /

女兒一歲多會走路後，我才感覺到帶孩子很累。過來人告訴我，從生理角度來看，生孩子要趁早，年紀大了再帶孩子，體力和精力都跟不上。

我在想，帶孩子累是因為我年紀大了，還是因為帶孩子的方式有問題。

愈潛入生活找證據，愈覺得是我帶孩子的方式太「費媽」。

舉個例子，冬天的週末，我常帶女兒到兒童室內遊樂場玩。因為每次只能由一位家長陪著孩子進入遊樂場，輪到我陪時，彈跳床、滑梯、擲斧、玩沙子、打地鼠、海洋球等遊玩項目，

我全程像個大孩子一樣，和女兒一起玩。

一開始，我是出於愛玩和好奇的天性，畢竟那些項目迷人又有童趣，但大人玩小孩的項目，新鮮勁很快就過去了。

一些孩子的父母在旁邊玩手機，偶爾抬頭看一眼孩子，又繼續玩手機。這些孩子喜歡過來和我們一起玩，因此我瞬間又變成維持秩序、調節氛圍的大人。

雖然我很累，但仍然堅持著，這讓我的內心充滿成就感和優越感。內心深處彷彿有個育兒專家給我按讚：高品質陪伴，當媽我最棒。

回到家後，我體力不支，連話都懶得說。

週末我基本是白天陪女兒玩，平時我下班把女兒從幼托班接出來後，也會陪她在社區公園裡玩一兩個小時。我不僅陪女兒玩，還順便陪著別的孩子玩。回家做飯時我已經快「沒電」了。晚上九點多，我讀繪本哄女兒睡覺，然而還沒讀幾句，我就先睡著了。但凌晨兩三點我又會醒來，這時就很難入睡了。

早上當作者，白天當職員，下班當幼師，我快撐不住了。這樣的狀態持續了一段時間，直到有一天，我在圖書館看到一本法國媽媽寫的育兒經，書上有句話像是作者穿越國度來點醒我：「在遊樂場把自己的電量耗光了，回家怎麼辦？」

/ 02 /

身體很疲憊，我選擇看書休息，就這樣我開始看大量的育兒書。

比起教條的理論，我更喜歡媽媽們寫的各種實踐經驗，它們更接近現實生活，更具借鑑價值。專家的理論看多了，我總感覺自己這沒做對，那沒做好；而媽媽們的經驗看多了，就知道不是只有我一個人在戰鬥，別人家的孩子也不省心。

看過幾本關於法國媽媽的文章，我在想，為什麼法國媽媽在孩子很小時就能睡過夜？為什麼法國媽媽總是打扮得體？為什麼法國媽媽可以一邊陪孩子一邊喝咖啡？為什麼影視劇中法國女人的故事情節，不會因為她是不是媽媽而發生變化？

/ 03 /

既要自己鬆弛，又想孩子優秀，夢想還是要有的，萬一實現了呢——召喚四象限吧（見圖 3-1）。

橫軸——費不費媽。

縱軸——廢不廢孩子。

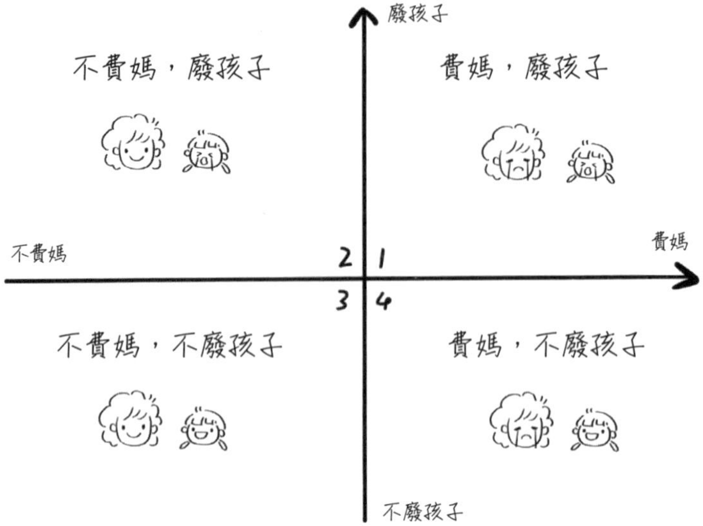

圖 3-1「費媽－廢孩子」四象限

這裡需要解釋一下，費媽的「費」，是浪費的費，是對媽媽體力、精力、情緒、狀態、個人追求上的消耗。而廢孩子的「廢」，是荒廢的廢，是對孩子體力、腦力、潛力、靈氣的耽誤。

第一象限：費媽，廢孩子。

第二象限：不費媽，廢孩子。

第三象限：不費媽，不廢孩子。

第四象限：費媽，不廢孩子。

第一象限，費媽，廢孩子（媽媽累，還對孩子沒好處）。

孩子不好好吃飯。例如媽媽專門給孩子做副食品，做好以後，孩子忙著玩，不想吃，而媽媽追著餵飯。孩子跑啊跑，媽媽追啊追，孩子吃兩口便接著玩，媽媽辛苦收拾碗筷，忙完剛坐下休息，孩子卻說肚子餓了。

孩子不好好睡覺。例如孩子很小的時候混淆了白天和黑夜，白天孩子睡了，媽媽便可以玩手機或做點正事。晚上孩子總是不想睡，或是睡得不連貫。孩子睡不好，對他的記憶、情緒都有影響。家長睡不好，第二天工作做不好，精力跟不上。

吵架。孩子惹媽媽生氣，媽媽情緒沒控制好，於是媽媽崩潰，孩子哭泣。事後媽媽自責，孩子受傷，媽媽又得補救，孩子又得自癒。

雞娃[①]。媽媽強行介入孩子的生活和學習，覺得孩子生活的這個世界充滿危機和淘汰，孩子要格外優秀才能有選擇權。爺爺奶奶寵孩子，心疼孩子太過辛苦，說媽媽不好；這時老公來說情，媽媽又反駁回去，懷有一種「我為了孩子願與整個家

① 網路流行詞，指的是父母給孩子「打雞血」，為了孩子能讀好書、考出好成績，父母不斷給孩子安排學習和活動，不停讓孩子去拚搏的行為。——編者注

庭為敵」的悲壯感。媽媽盡心盡力讓孩子彌補短板的行為，導致孩子疲勞、壓力大、厭學，很容易讓孩子的心理出問題。

代辦。孩子已經學會了穿脫鞋襪和衣服，但無論媽媽是心疼也好，趕時間也罷，嫌棄孩子做得不好，總是代勞。我有個白頭髮很多的女同事，曾提過她女兒常拖拖拉拉，女兒早上被她從床上拉起來後，又睡眼惺忪地被她拉到洗手間，女兒站著，她幫女兒刷牙、洗臉、梳頭、換衣服。在家吃早餐時，女兒看著電視，家人給她熱牛奶、剝雞蛋。

我女兒三歲之前，我們家住六樓，沒電梯。女兒一撒嬌、一撇嘴，我就抱著她爬樓梯，我還安慰自己充當鍛鍊了。

經常在家玩也是費媽又廢孩子，孩子如果不能自己玩，總要家長陪，家長會覺得累，但這點運動量對於孩子來說根本不夠。

我記得曾經看過一個叫《超級育兒師》的節目，一個媽媽因為孩子晚上總是睡得太晚而求助育兒師。育兒師去她家觀察後指出，白天在昏暗的家裡學認字當然不行。媽媽需要盡量帶孩子到室外玩，戶外運動對於孩子的激素調節、視力調節、精力釋放都大有好處。

第二象限，不費媽，廢孩子（媽媽不累，但對孩子也沒好處）。

例如把電視或手機交給孩子，小孩子根本沒辦法抵擋住動畫片或者短影音的誘惑。

美食紀錄片導演陳曉卿曾反思我國的紀錄片與其他國家優秀紀錄片的差距。他認為單憑製作並不差太多，差的是整個基礎的差距。「我曾經去 BBC 參加展會，看到幾個兒童心理專家來推銷《天線寶寶》，他們拿著十公分厚的文案，把他們為什麼將《天線寶寶》做成現在這樣，裡面玩偶說話的長度和重複頻率，以及關於普通嬰兒接受人類語言長度的臨床研究數據，全放在了文案裡。」

可見為了抓住孩子的注意力，一群大人在絞盡腦汁。孩子看著是能馬上安靜下來，媽媽能休息，能工作，能娛樂。這種方式偶爾應急可能沒什麼壞處，但是長此以往，等孩子的專注力、視力、自制力都下降時，媽媽可能非常內疚。

第三象限，不費媽，不廢孩子（媽媽不累，還對孩子有好處）。

對我來說，「不費媽，不廢孩子」，就是送女兒上幼托班，讓她和混齡的孩子玩。集體生活讓她戒掉了安撫奶嘴和尿布，養成了令人省心的吃飯習慣，作息相對變得規律。

找到合適的方法和技巧，讓孩子自娛自樂。例如我家住在六樓，沒有電梯，女兒要抱，我就抱；她輕鬆，但我累。於是，我先拿零食引誘她，讓她自己爬樓，但零食吃多了會影響脾胃；後來，我又給她看動畫片引誘她，但動畫片看多了又影響視力。

我開始改良方法，例如與她邊爬樓邊玩石頭剪刀布、玩泡泡，不斷更換遊戲，推陳出新，讓孩子保持興奮。

讓女兒洗手也是。一開始她磨蹭著不肯洗手，我只能抱著她幫她洗。等她長大愈來愈重後，我抱著太費力了，就買了能搓出彩色泡泡的洗手液，或者按出來能在手心蓋出一朵小白花的洗手液，並且買了個攀爬架，讓她自己爬上去洗手，也讓我省點力。

還有就是要抓住孩子的敏感期。在某些階段，孩子對某種事物會特別投入和沉迷，你可以順勢而為。例如我女兒上的幼托班有次帶孩子們參觀了消防隊，那段時間女兒在路上看到消防栓都興奮，於是我就買了很多有關消防的繪本給她看。她自己會坐著翻書不吵鬧，我便能休息一會兒。後來我發現她對車很感興趣，就買了車的繪本和模型給她，週末帶她乘坐各種交通工具。

相對於事先計畫、全程參與的陪孩子方式，做遊戲還有抓住敏感期，還算是不費媽的方式。

我覺得法國媽媽是出現在這個象限的常客，她們對三歲以前的孩子，主打抓好三點：好好睡覺、好好吃飯、孩子能自己玩。

有位法國媽媽生了三個孩子，她的孩子們都在晚上八點半以前入睡，基本上能睡過夜。孩子們從四個月開始就能一天吃四頓，早上八點、中午十二點、下午四點、晚上八點各吃一頓。法國媽媽從小就培養子女和父母的邊界感，盡量讓孩子自己單獨玩或和其他小朋友玩，孩子會有不同的感受和體驗。

第四象限，費媽，不廢孩子（媽媽累是累，但對孩子有好處）。

例如，大人和小孩一起旅行、遊玩。出門前，媽媽收拾著大包小包，拿著紙巾和保溫杯，爸爸扛著推車和帳篷。父母負重前行，孩子則笑得歲月靜好。

媽媽還要用心計畫和安排各種派對、活動、課程，給孩子不同的體驗。

有一次，我們夫妻帶女兒去昆明的朋友家做客，正逢朋友的小兒子過生日，家裡來了七、八個小孩。孩子們解放天性地玩，在家裡和花園裡搭樂高、跳繩、拿著網兜跑來跑去、拿著玩具槍追來追去，吹完蠟燭吃蛋糕，還有兩三個淘氣男孩用奶油互抹對方，沙發上和牆上還沾到了奶油。

接近晚上九點，朋友夫婦開始聯繫小朋友的家長來接他們。我看著有點擔心：不知道全部客人離開後，主人收拾殘局得有多累，但所有孩子都玩得特別盡興。

/ 04 /

這個四象限對我當媽有指導作用。

在我遇到具體的育兒難題時，我都會想想自己怎麼做才能挪到第三象限。

拿困擾我兩年的孩子睡眠問題來說，如果孩子睡眠習慣好，那就是「孩子好媽好」的不費媽也不廢孩子象限。

如果孩子醒一兩次，不管是要喝奶還是上廁所，不過很快就又能睡著，這屬於「孩子好，媽累」的費媽不廢孩子象限，對孩子影響不太大，但媽媽一般很難做到滿足完孩子的需求後馬上就能睡著。在夜裡把孩子哄睡後，想睡又睡不著的壓力，時常讓我難以再次入睡。

如果孩子一兩小時就醒一次，一哭大半天，那就是「孩子累，媽累」的象限。我同事回憶起她女兒小時候，每隔一兩小時就要喝一次奶，喝幾口就睡著，睡眠碎片化，同事因此患有輕度產後憂鬱。孩子整晚哭鬧，全家都睡不好。女兒小時候身高偏矮，體重也偏輕，她擔心女兒晚上總哭鬧會影響長輩的睡眠，於是給長輩在社區另租了房。而她和老公白天的工作狀態也受到了影響，心情也經常煩躁。

我向孩子睡得好的父母取經，同時看了很多相關書。我開始加大孩子白天戶外的運動量，優化她的睡前習慣，一點點調整，孩子終於能好好睡覺了，而我自己開始透過運動、飲食，一點點改善自己的心態和生活習慣，終於也能好好睡覺了。

我女兒還小，每天的主要活動就是吃、睡、玩，在這個階段我比較重視培養她的好習慣和遊戲力。下一個階段，等她開始上學了，我就得去培養她的自驅力。

我希望自己成為一個「馬車媽媽」，而不是「火車媽媽」。火車是沿著設定好的路線前往指定的目的地，而馬車是由乘客決定目的地的。

我和女兒一起成長，我有我的目的地，她也有她的目的地。除了養女兒，我也要重新把自己養一遍，養成更好的樣子。

我希望我們相伴的這一程，盡量往「不費媽，不廢孩子」象限靠攏。養孩子勢必會費媽，但要費在刀刃上。如果總在費媽區，一定要反思，肯定是哪裡做得不對。

02 疏肝四象限：為什麼我們總是堅持「我對你錯」

/ 01 /

看了幾期調解類的節目，我自認為摸清了這類節目的套路。一開始，當事人 A 先控訴當事人 B 的錯誤，訴說自己的委屈。這時候，部分觀眾和嘉賓會站在「A 對 B 錯」的立場。

然後當事人 B 上場，回應 A 的指控，解釋自己的難處，補充對方的過錯，再道出 A 的過分之處，訴說 A 對自己的傷害。這時，部分觀眾和嘉賓又站在了「B 對 A 錯」的立場。

爭論陷入白熱化時，主持人介入，請嘉賓評論。

嘉賓深諳溝通的藝術，先給糖吃。他們常用的開頭是：「你們都有對的地方，都有可理解之處，都在乎對方……」

然後秋後算帳，各打五十大板，說道：「雙方其實都有錯的地方，A 溝通有問題，B 態度有問題，A 受原生家庭影響重，B 情緒太急躁⋯⋯」

最後，嘉賓或主持人結合自身經歷昇華主題。

A 和 B 爭吵的事、矛盾的點，在生活中很常見，我也有類似經歷。後來透過一些事，我明白了要珍惜眼前人等道理⋯⋯

我對調解類節目的流程進行總結提煉，抽象成對錯四象限（見圖 3-2）。

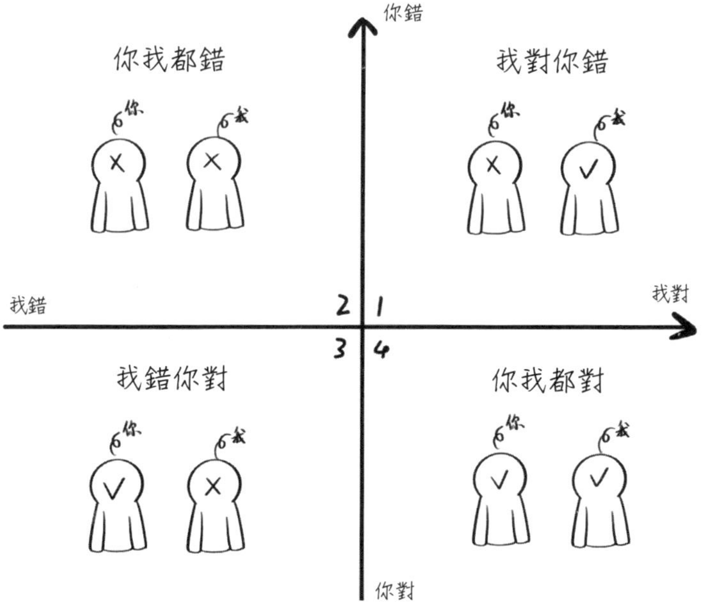

圖 3-2 對錯四象限

第一象限：我對你錯。

第二象限：你我都錯。

第三象限：我錯你對。

第四象限：你我都對。

最後捫心自問：這事重要嗎？有多重要？比這事更重要的是什麼？

當因各執己見而與人激情爭論，而事後又難以釋懷，把自己氣得五勞七傷時，這個四象限便能幫你調節情緒。

當親朋好友之間發生爭執，讓我來評評理時，這個四象限便提供了高情商話術的「模板」。

而更多的場景是，我用這個四象限平息自己內心的戰爭和糾葛。

/ 02 /

就在寫這篇文章的前一天，我還用了對錯四象限。

起因是老公一回來就掃地、拖地，然後去洗澡。他洗澡期間，女兒說肚子很餓，我就拿了兩塊小餅乾給她吃。

等有潔癖的老公洗完出來，看到地上有餅乾屑，就說了女兒兩句。

我看女兒垂頭喪氣，心裡一下子想到老公的潔癖給我帶來的壓抑感，女兒才三歲就要承擔這種壓抑感。

我拿著吸塵器準備清掃，被老公阻止，說九點半了，明天再掃。我腦海裡全是女兒那委屈的模樣，不受控地說：「這麼小的孩子，弄髒地板很正常，打掃一下就沒事了。」

老公也餘怒未消：「她吃餅乾時你看著點，別讓她吃得滿地都是，我回來已經做過清潔了，等會兒工作上還有事。」

接下來的爭吵進入話趕話階段。我說，這清潔你不做，大家都開心。他說，誰愛做誰做，我以後不做了。

因為家裡還有女兒，我倆嚴格控制吵架的時間和音量，之後他去處理工作，我哄女兒睡覺。

女兒睡著後，我躺在床上，心火旺，肝火更旺，需要調解情緒。我到四象限倉庫裡，把高頻率使用的對錯四象限拎出來。

第一象限，我對你錯。家人的心情，還比不上家裡的清潔嗎？

他簡直是被潔癖蒙了心。加班回來，還有工作，更該避免爭執；應該趕緊做完工作，好好休息。訓了孩子，說完妻子，是給自己加活。再說我也累了一天，女兒吃餅乾時，我休息一會兒沒錯。

第二象限，你我都錯。女兒因爸爸指責她，第一次不高興；

又因爸媽起爭執，第二次不高興。小孩子感受能力強，但解讀能力弱，她會不會覺得我們是因為她而吵架？

第三象限，我錯你對。對有潔癖的人來說，他們對清潔的要求高於常人，平時他承擔絕大多數家務，家人理應尊重他的勞動成果，我一邊享受著潔淨的環境，一邊說他「不做清潔，全家開心」，抹殺了他的辛勞和付出，確實令他寒心。

第四象限，你我都對。我覺得家庭氛圍更關鍵，他覺得家居衛生更重要，我倆的主張相加，約等於更好的生活，乾淨又輕鬆的環境確實舒心宜人。

最後自問，現在誰對誰錯沒那麼重要，安心睡覺最重要。事已至此，睡醒再說。

/ 03 /

對錯四象限雖常常有用，但遇到自己的權益被侵犯時，重則應尋求補償；輕則應尋求道歉。

在處理人與人的外在衝突時，也得謹慎使用對錯四象限，需要分場合、因人使用。

答案明確或板上釘釘的事很難起衝突，能起衝突的基本是公說公有理、婆說婆有理的事。

既然你說服不了我，我說服不了你，那麼雙方會選擇性地聽不見對方說什麼，看不見事情的全貌。

創意思考之父愛德華·狄波諾早已看穿爭論的本質，他說，爭論作為一種思考方法，最大的價值在於鼓勵人們去考察事物，如果沒有爭論所帶來的滿足感，人們不會受到激勵去考察事物。當爭論變成了一種訴訟、一種激憤情緒、一種自我炫耀時，沒有人會關注有利於對方的事件，即使這些事件可以擴展對事物的考察。

對錯四象限在處理人與人之間的外在衝突上過於理想化，所以我把對錯四象限，重命名為「疏肝四象限」。

/ 04 /

當我跟家人、同事、朋友、陌生人產生分歧，意見不合時，我可能會隱忍裝大度，也可能已經小小發作過，但還有情緒。這時候，我需要靜一靜，讓疏肝四象限開導我。

這時的我往往處於第一象限，我對你錯。

你是怎麼理解的？你那麼無理還那麼猖狂，我這麼正確還這麼委屈。

如果一直處在這個象限，我會因嘴硬說錯更多，會因憤怒發洩更多，那麼趕緊讓氣急敗壞的自己，走到第二象限，你我都錯。

我會不會也有一絲做得不對的地方？我沒有所謂的上帝視角，我怎麼可能毫無破綻，出錯總是在所難免。

接著第三象限，我錯你對。

好吧，我承認我有錯的地方，你有對的地方。但不要過度自我追責檢討，對身心不利。

再移動到第四象限，你我都對。

我們都有可取之處，有些客觀因素給我們製造了麻煩，我倆只是多做多錯罷了。

四象限一圈走下來，雙方便可明白各自的主張，看到彼此的局限，從自我堅持轉為換位思考，從怒氣沖沖變回心平氣和。

補充一點，不要在某個象限停留過久。

我對你錯象限待久了，人們容易生氣，咄咄逼人，長此以往，會變成戰鬥型人格。

你對我錯象限待久了，人們容易自責，咄咄逼己，時間久了，會有受害者心態。

我們都錯象限待久了，人們容易破罐子破摔，損人不利己。我們都對象限待久了，人們容易強行自我洗腦，問題始終存續，很難自我說服。

內心的衝突，要麼自洽，要麼對衝。

我們應在我對你錯中找到支持自己的力量，在你對我錯中讓自己心理平衡，平息怒火；在我們都錯中看到各自思維的局限，還要在我們都對中找到初心和共識。

疏肝四象限可以澆滅怒火，令人心平氣和。

這四象限是我的菁英天團，其中有律師的角色幫我分析；有心理諮商師的角色替我開解；有按摩師的角色給我解乏；有生活導師的角色告訴我，對自己好一點；有規劃師的角色告訴我，此地不宜久留，我還有更重要、更值得、更喜歡的事去做。

03 職場內耗四象限：拿得起，放得下，讓內耗最小化

聚焦廣告人的職場綜藝《躍上高階職場》將職場內耗說得很清楚，還原了真實職場中常見的幾種內耗。

透明人

職場透明人依秋，上一份工作剛被裁，在工作中經常擔心自己做錯了什麼。她很少表達，總是猶豫不決，畏首畏尾，顯得不夠有自信。在每次提案或溝通時，好幾次看到她的嘴唇在動，好像馬上要開口，但又沒講出來。不知道她是沒有想法，還是不敢表達。老闆評論說：「我對依秋最失望，一個人在

角落，不知道在做什麼。」然後就淘汰了依秋。觀察嘉賓評論說：「她有點討好型人格，腦子裡思考了太多東西，在考慮完『我這個話說得合不合適，有沒有價值』後，別人的話題已經轉移了。」

「自嗨」者

思凡比較有資歷，但在節目裡的幾場展示中，讓人印象最深的是她總是「自嗨」。隊員的諸多建議，她都充耳不聞。例如，在思考一款線上超市 App 的創意時，她想到自己除夕和父母一起逛實體超市的經歷，哭著寫下文案。最後為了點題，強行寫出有東西忘記買，在線上超市下單，很快送達的情節。這個創意只有她覺得感動，甲方和老闆則不為所動。作為觀眾的我也覺得經過對比，我還是會選實體超市，而不是線上超市；而且她提出創意前後情緒反差強烈，讓我感到不適。「自嗨」者雖然會在工作中因進入心流狀態而忘乎所以，但回到現實，突然面對強落差，他們或是抱怨別人，或是自我懷疑。

討好者

劉權是社交高手，也是公司老人。他表面上情商特別高，與客戶交談，會哄得客戶十分開心。客戶提出的要求，不管合不合理、能不能做到，劉權總是假裝一切都搞得定，第一時間承接下來，再在背地裡抓耳撓腮地抽打自己，時刻陷在「來不及」、「做不到」的恐懼之中。

鬆弛者

相較之下，八月就是節目裡的低內耗標竿，尊重別人的努力，了解自己的節奏，不加班，不熬夜。工作之外，用看閒書、玩滑板等愛好滋養自己。她說，當你把喜歡的事情做得很好時，成功自然會到你面前。

她本來可能沒打算去競選組長，但看著小夥伴們一個個又內卷又內耗，索性親自出馬。她指明理想的工作狀態是：你享受愛好和生活，客戶享受你的作品，老闆享受你為他帶來的財富。

帶著鬆弛感和沉浸感去生活，在工作時反而會有出色的創意。

雲淡風輕地面對挑戰，游刃有餘地對待競爭。

用一個四象限可以概括——橫坐標：有沒有看見自己；縱坐標：有沒有被看見（見圖 3-3）。

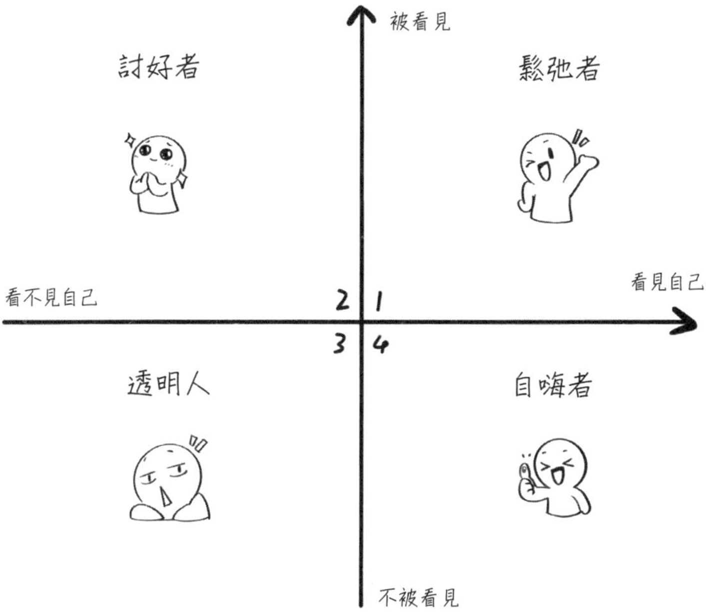

圖 3-3 職場內耗四象限

第一象限者：看見自己，也被看見，是鬆弛者。他們得心應手，游刃有餘，交付和正反饋螺旋遞進，感覺自己是在做喜歡的事情。這種是職場內耗最低的人。

第二象限者：看不見自己，但被看見了，是討好者。他們總是更重視主管或客戶的要求，忍住自己的不舒服，壓抑自己的不喜歡，執行別人的意願和意志；有時會看輕自我價值，害怕別人對自己不滿，一直壓抑情緒。在累積一定量的成績和讚美之後，練習看見自己，可能對處於這一象限的職場人有好處。勇敢地表達自己的感受和意見，也許會給你帶來驚喜，不然過度壓抑所帶來的反彈，更讓自己和別人都難以招架。

第三象限者：看不見自己，也不被看見，是透明人。很多職場新人從這個象限起步，對自己的能力沒有自信，對工作業務還找不到頭緒，不確定將來可能會走入哪個象限。這種是職場內耗最高的人。

第四象限者：看見自己，卻不被看見，是自嗨者。常見於有搶眼的學歷或職場高光時刻，對自己的想法和提案過分自信的職場人。他們不太會將心比心、換位思考，不太站在別人的立場思考問題，除非遇到賞識並相信自己的伯樂。此外，他們還會內耗。空杯心態、清零心態可能會幫助到處於這個象限的職場人，不要沉醉於過去的功勞簿、躺在過去的領獎臺上，要持續學習，傾聽別人、尊重別人，練習更容易讓別人接受自己觀點和方法的溝通技巧。

你從哪個象限來，要往哪個象限去？

在職場中，把內耗降低，你才能工作、生活兩手抓。

客觀來說，雖然職場環境很難處於理想狀態，但我們難免會處於內耗、互耗和外耗之中。以下三種常見的內耗，是我們有意識、有行動，就可以降低的。

（1）未來式，拿不起

據我總結，拿不起分三種情況。

第一種拿不起，是習慣性拖延。

有心心念念的事情，卻遲遲不行動，內心壓力愈來愈大，一直惴惴不安。

好的應對方法就是習慣性反拖延，與其在拖延過程中讓內心難以平靜，不如提前做完，了卻一樁心願。正如作家馬克·吐溫說的：「如果你的工作是吃某隻青蛙，最好早上起來第一時間就把牠吃掉。如果你的工作是吃兩隻青蛙，最好先吃大的那隻。」

第二種拿不起，是兩個小人打架。

如果在工作中，你做了，擔心主管認為自己能力有問題；不做，擔心主管認為自己態度有問題。你心中的兩個自己總是往相反的方向使勁，帶來無盡消耗。

第三種拿不起，是潑自己冷水。

創作前覺得自己江郎才盡，行動前預感客戶肯定難溝通，比稿前覺得對方強自己弱。思來想去，不敢開始。

我以前看過對女足教練水慶霞的採訪。二〇一三年之前，她帶隊參加全運會，沒能出線。二〇一七年時她再次帶隊參加全運會。她說：「那時候壓力真的很大，我說大不了就不做了，可能聽到這話的隊員的心態會更好。」

有時候，這種「大不了」的心態很減壓。想到最差的結果是什麼，更能調整心態、面對現狀。無論如何，先開始做。沒做，猶如大海撈針；做了，至少在針線盒裡撈針。詩人魯米說：「唯有邁開步伐，路才能出現在前方。」

（2）過去式，放不下

心理學家武志紅接待過一名銀行中層員工，這位中層員工說下班回到家後，她會復盤當天發生的事。有人對她說話不客氣，懊惱自己為什麼沒有反駁；她對別人說話不客氣，擔心自己是不是誤會了對方。愈想心情愈差，心情愈差愈忍不住想，生活和健康都受到了嚴重影響。

「事情」這個詞宜分解，「事」過去了，盡快讓「情」也過去。過去式內耗不僅讓自己放不下過去，而且還會放大過去的影響，讓自己身心俱疲。

有次和朋友聊天，睡不好的她調侃自己「以前也熱愛生活，後來上班調理好了」。她解釋說晚上睡不好，思緒回到白天，來回想些小事：沒幫哪位同事的忙，她會不會討厭我；對哪位客戶說話沒注意，會不會顯得我情商低。愈想愈睡不著。

回到家就不要「軟加班」了，白天就算沒做好，總結幾句即可。實在難受，不如大哭一場，即刻翻篇。

不要讓工作情緒在身體裡過久停留，快切換到生活頁面吧。

（3）積攢被開除的勇氣

知名廣告公司的執行創意總監梁偉豐接受採訪時，被問到年輕人那麼多，怕不怕自己失去競爭力。他說：「這就是為什麼除了本職工作，我也在寫歌，練拳，彈琴⋯⋯當我寫一個創意腳本卡住了，或者寫了被否定了，心情有點頹喪的時候，這些都是我的避風港。如果現在的工作做不下去了，我就去做別的。」

連續六年被評為最佳海外作曲人的梁偉豐，將焦慮、懷疑、煩躁的時間，用來精進自己的專長，或精進自己的愛好，讓自己擁有去平臺化的能力。

當你拿得起，放得下時，你會發現原來的無效工作占用了很多時間，你完全可以用節約下來的時間，去愛工作中的自己。

《愛在瘟疫蔓延時》裡有句話：人不是從娘胎裡出來就一成不變的，相反，生活會逼迫他一次又一次地脫胎換骨。

職場亦如是，內耗最小化，更能看見自己，也更能被人看見。

04 省時四象限：時間管理，是心酸的浪漫

/ 01 /

怎麼形容我的生活呢？

我彷彿在和生活玩抽牌遊戲，我從生活手上依次抽出帶孩子、上班、寫作、閱讀、家庭等好幾張牌，生活說該它抽了，我忐忑地點頭。眼看它要抽走睡眠，我握緊牌不放；眼看它又要抽走健康，我非常慌亂。

我本質上是個既貪玩又貪心的人，所以時間管理是我剛需中的剛需。

市面上關於時間管理的書，出一本，我看一本；影片中的時間管理心得，推送一則，我看一則。我記錄其中要點，親身

試驗，迭代改善，擇其善者而從之，不適者而棄之。

我的時間管理，經歷了三次大型的提檔升級。畢業後到深圳工作，我為了少加點班，進行第一次升級；來到大連工作後，加班少，我為了業餘寫作，進行第二次升級；生完孩子後我不想放棄工作和寫作，進行第三次升級。

在時間管理上，我借鑑過不少四象限。例如時間複利四象限。

第一象限：高時間高複利。如接受高等教育、學習謀生技能、鍛鍊身體等。

第二象限：低時間高複利。如讀到一本好書，和優秀的人一起用餐。

第三象限：低時間低複利。如關注明星八卦、玩社交媒體等。

第四象限：高時間低複利。如沉迷不良嗜好。

這個四象限對決定一件事做不做、怎麼做有一定幫助，但覆蓋面不夠。在我看來，時間管理就像省錢、保養一樣，不需太多理論，不需引入概念，關鍵是要覆蓋廣、短平快、好上手。

雷軍宣布小米公司要製造車子後，商業顧問劉潤分析說：「觸點＋時間是一切交易的基本要素。每個人一天大約有四段時間：工作、上下班、在家和睡覺。工作的時間，老闆看得緊，暫時動不了；睡覺的時間，無意識狀態，暫時沒價值。智慧家居搶在家的時間，車聯網搶上下班的時間，一旦實現自動駕駛，用戶在車上的大段時間，將會突然被釋放。搶奪用戶時間，是商業競爭的本質。誰能搶到，誰是王者。

自己時間管不好，演算法和技術會接管我們的時間。

要用工作、通勤、在家、睡覺來分區管理時間。如果我們自己能把時間搶回來，那麼我們就是自己的王者。

/ 02 /

「每個人一天大約有四段時間」，據此分區的時間管理四象限（宮格），讓我打開新思路，盤活方法論。

工作宮格

我曾覺得工作二十五分鐘、休息五分鐘的番茄時鐘法有點刻意。但隨著網頁打開慢了，我條件反射地滑了一下手機；手機新訊息提示音滴答作響，我不由自主地看一下手機，我意識到我的注意力總在被手機分散，讓我效率低下。

於是，我借鑑番茄時鐘法的原理，進行微閉關。經多次實驗，我的工作最佳閉關時間是二十分鐘，寫作最佳閉關時間是四十分鐘。閉關期內，我會遠離手機，在出關後統一處理雜事。

微信已然成為我工作的延伸，一個個項目具象化為一個個微信群。有訊息提醒就看，大概有個印象，等真正到了要去處理事情時，找群聊、滑資訊、重聽語音都浪費時間。「微閉關」後統一看工作群聊，備好紙筆，記錄相關的文字、圖片和語音，避免來回刷群聊、重新聽語音。

有需要別人確認的內容，提前傳給對方。等待回覆時，安下心來，做其他自己可以決定的事。

回想一個你在工作或副業中，使用頻率最高的辦公軟體。以為自己天天在用就很熟悉，是後果嚴重的自欺欺人。

以我為例，我幾乎天天用 Word 寫作，Word 已升級多個版本。追溯我上次系統學習 Word，還是大學備考電腦一級時。抽時間「微閉關」深入學習 Word 後，我後知後覺地發現，自己竟然每天浪費那麼多時間而不自知。

學完以後，根據自己已形成的習慣，重新調適初始設置，順應我的習慣。自行定義快速訪問工具欄，把「插入圖片」、「大聲朗讀」、「文檔縮放為 100%」等藏得深又用得多的幫手集中在這裡。把默認的中文字體、字級，改為「微軟雅黑」、「小四」。把段落的默認行距，改為一．五倍行距。每次從網站上複製詞句到 Word 裡，貼上格式每次都得重新調成「只保留文本」，早該把貼上選項的默認設置固定為「只保留文本」。

在寫作中，我常常受不了 Word 中的一些自動功能，例如自動編號，每次我都得額外改間距、改編號。深入學習 Word 以後，沿著「文件－選項－校對－自動更正選項－鍵入時自動套用格式」的路徑，取消「自動項目符號列表」和「自動編號列表」，我就再也不為這種小事煩惱了。

每次多做一點，我好像也習慣了，沒什麼大不了；但學習以後，讓設置按照自己的習慣來，才叫一次操作，一勞永逸。

理科公式難以打出，選用「墨跡公式」的功能。

為了防止停電、女兒搗亂等意外帶來的崩潰、誤事和善後，自動保存時間間隔設置為五分鐘，並設置成始終創建備份副本（路徑為：文件－選項－保存）。

其實我們常用的軟體功能，可能像我們的大腦一樣，開發利用率不足 10%。如果能了解、熟悉、舉一反三，直到根據習慣自定義，那麼我們的思考就更能集中在想法和創意上，而不是排版、格式、樣式等效果實現的瑣事上。

不要適應工具，而要定義工具。

通勤宮格

據統計，全國超過一千四百萬人正承受極端通勤，我也是其中一員。我每天的通勤時間為二至二．五小時，還需要換乘交通工具。

為了自己寫得盡興，也為女兒睡得香甜，我現在早上去咖啡館寫作，經常是最早進咖啡館的顧客。我常點杯咖啡，專心寫作。在家寫作時，我會時不時地照一下鏡子、敷個面膜，去咖啡館寫作反而心無旁鶩。寫一小時，再開啟通勤之旅。

以前在通勤路上，有知識焦慮症的我，總希望聽課、看書、學東西；現在的我在通勤時間中融入更多娛樂。在公車上或網約車上，我累了就聽 Podcast、聽笑話；坐上輕軌後，如果當天求知欲強的話，我就學習；如果當天感到疲憊的話，我就追劇。這大大消解了極端通勤給我帶來的壓力。

如果你的通勤也路程遠、換乘多，請試著把電影《型男飛行日誌》裡喬治·克隆尼所飾演的角色奉為榜樣，歸納並實踐一套省時通勤鏈。克隆尼扮演的裁員專家，每天飛往不同城市工作。當他與一位新同事一起坐飛機出差，看新同事正常登機時，他統計對方浪費了三十五分鐘。「我一年出差二百七十天，每天浪費三十五分鐘，加起來就是一五七·五個小時，相當於浪費了七天。」

於是他帶著新同事，採購了一個收納方便、推行便捷的行李箱，還要穿便於穿脫的休閒皮鞋。進機場後，想好哪些證件要提前準備，哪些抽檢能避就避。

雖然我們不至於坐飛機上下班，但我也有意識地摸清輕軌什麼時段列車跳站，哪節車廂人數較少，從哪節車廂下車離樓梯最近，從哪個閘口出站最快。

離開座位時，我條件反射地回頭看看有沒有落東西，避免折回尋物。

我一個經常開車的同事曾興致勃勃地跟我分享開車路線，在什麼時段、走哪條路可以避免幾個紅燈。

我們往往在早上八、九點的時候頭腦最清晰，卻總是將這段寶貴的時間用來通勤。所以，要打開「腦內計算器」去計時、嘗試、總結、比對、優化，勢必找出一條省時省力的通勤鏈來。

在家宮格

我搬新家了。別人的房子，求舒適；我家的房子，求節約時間。之前我住在有電梯的高層，每天電梯很難等。後來我住在沒有電梯的六樓，每天爬樓梯很辛苦。現在住有電梯的二樓，有電梯就坐，但通常走路上下樓。

新家一進門就有方便洗手的洗手台，旁邊放的洗手液是自動感應的。櫥櫃與牆面的彎道連接方便擦洗。書桌邊有固定充電線的裝置，不必經常找線。沒看完的書可以固定在閱讀架上，下次抬頭就看。

家門換成了指紋鎖，我體會到了伸出一根手指就開門的方便。當我寫作思路卡住時，我便戴上防晒口罩，下樓散步。有靈感後，我立馬回家寫下來。

我新買了洗碗機、烘乾機、上蒸下燉的蒸鍋。我偏愛有語音感應功能的家電，我只要輕鬆說句喚醒詞，就可以使喚它們幹活。

我的購物車裡有很多省時家電，比如懶人免舉落地電吹風、洗完澡免擦水的浴室乾身器、邊按摩邊導精華液的梳子、重力感應翻轉計時的鬧鐘……如確有需要，再適當升級。

居家習慣也悄然升級。在穿衣方面，以前我習慣從上往下扣襯衫鈕子，注意力不集中時，扣到最後發現扣錯，得解開重來。現在我改成從下往上扣，再三心二意，也不會扣錯。吹頭髮時，用集風口比不用吹乾得快一些；個人保養時，我偏愛各種泡沫型的洗面乳、洗手液、沐浴露，一按出來就是綿密的泡沫，省去打泡、搓泡的時間。

我家其實不是懶人家庭，而是忙人家庭。

睡覺宮格

我們家現在養成了設置睡覺鬧鐘的好習慣。我一般和女兒一起睡，手機定了晚上的準備上床鬧鐘。鬧鐘一響，就是提醒我們該為睡覺做準備了。

把家裡的亮燈換成暗燈，拉好窗簾，創造助眠氛圍感。準備好第二天的東西，收拾好書包，找好鞋襪，鞋尖朝外。我也鼓勵女兒準備自己的衣物鞋襪。我再花五分鐘準備第二天早上自己的早餐，泡好粥料，削去瓜皮，掰半根玉米或一段山藥，再加一顆雞蛋或三、四顆鵪鶉蛋，整齊地擺在上蒸下燉的蒸鍋裡，設置預約時間。然後，我和女兒一起刷牙、洗臉，上床看三本繪本，關燈講一個故事，就準備入睡。

我年輕時睡眠品質高，少睡一點也精力充沛。生孩子後，哪怕孩子睡過夜，我夜裡也會醒來，之後睡不睡得著，就得看造化了。

儘管我一般九點半到十點就睡了，但我經常夜醒，這成了我這一兩年的心病。我試過很多辦法，例如揉捏穴位，聽物理或國學課程，白天穿插做八段錦、無氧和有氧運動，都會有些幫助。我正為了每天七至九小時的睡眠時間而努力不止。

/ 03 /

諾貝爾文學獎得主亨利．柏格森在《時間與自由意志》一書中，批判了現代人在紙上或軟體上用劃分好的區域指代時間、以空間來管理時間的習慣。「把時間視作對所有人來說都一樣的客觀空間未免有失妥當。我們真的能夠因此真實地感受到自己活在其間嗎？」這是柏格森拋出的問題。

我是這麼來回答這個問題的，我在工作、通勤、在家和睡覺這四個宮格中，把很多必須做的大事小情盡快完成，把很多能省則省的耗時壓到很低，為的正是主動給自己創造一段能感受到自己真實活著的時光。

這些時候，時間的綿延獨屬於我自己，這是柏格森稱為「純粹的綿延」的主觀時間，過去與未來在此連通，脫離了尋常的時間感知，進入第四維度，擁有這些主觀而又充盈的時間，是多麼自由而浪漫啊。

05 鬆弛感四象限：不為了過得輕鬆些，活著是為了什麼

/ 01 /

網路上開始流行鬆弛感時，我對此是心存反感的。正如毛姆所言：「我用盡了全力，過著平凡的一生。」我們普通人用盡力氣生活、工作，已經很難了，還要活得有鬆弛感，太強人所難了。

直到我看了一部聚焦廣告從業者的職場綜藝節目，我的想法才開始改變。節目中有位選手叫「八月」，她是一名廣告文案寫手，她對內卷反感，封鎖內耗，拒絕熬夜，可以自信地跟客戶、主管和同事說：「我不熬夜，晚上十一點要睡覺」。

工作中，她寫的文案亮點多、創意好、吸引人。生活中，

她看書、健身、滑滑板、愛美、愛拍照，還養育著兩個孩子。

競選組長時，她陳述團隊的理想狀態：你享受愛好和生活，客戶享受你的作品，老闆享受你為他賺的錢。因為她一直相信：當你把喜歡的事情做得很好時，自然會獲得相應的回報。

她成為組長後，她的鬆弛感讓原先用力過猛、努力過頭的同事產生了溫潤感，矛盾能輕鬆化解，創意能愉快敲定，任務能高效完成。

每次看到其他組暗流湧動、明槍暗箭，我只覺得血壓上升，呼吸急促；而看到她們組玩著玩著就能把工作完成，我則感到春風拂面，心情舒緩。

她讓我反思，原來真有人能做到既有掌控感，又有鬆弛感；不緊不慢，不急不躁，不慌不忙，還能工作和生活兩手抓，事業家庭兩不誤。

那麼，問題來了，一個人如何能鬆弛地既做好事情，又做好自己呢？

做好的前提是，不要用標籤限制住自己。例如，認為自己是結果導向型的人，或者是過程導向型的人。像八月這類有鬆弛感的人，已經把過程和結果高階地整合起來了。

對於工作的過程，很多人或多或少都在忍受，但她追求享受。對於工作的結果，很多人按部就班想要線性，但她追求複利。

/ 02 /

八月是我的靈感繆思，啟發我畫出鬆弛感四象限（見圖 3-4）。

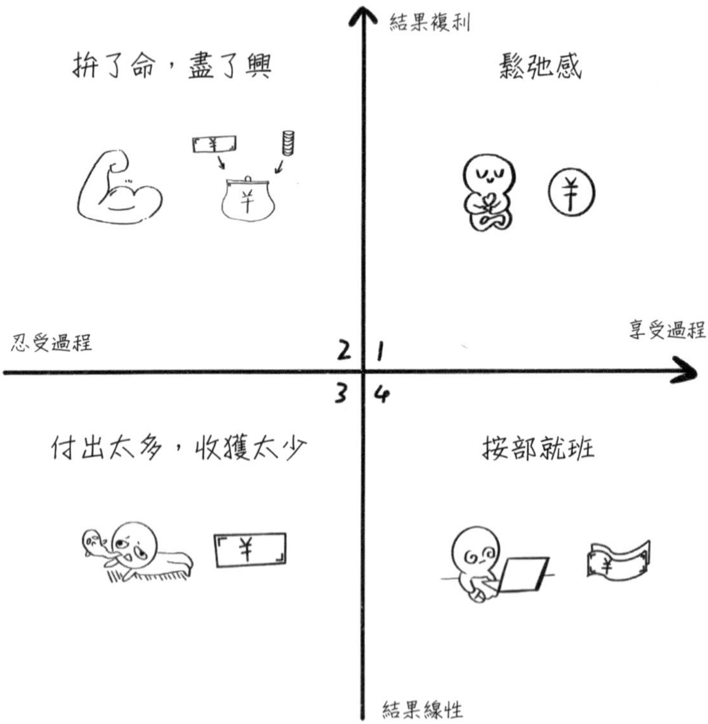

圖 3-4 鬆弛感四象限

第一象限，既享受過程，又取得複利結果；雙重享受，事半功倍，一舉兩得；四兩撥千斤，出小力成大功；既能正確判斷，又能做對選擇。在這個象限的人，困難和難題，多在他們的能力範圍之內。別人踏破鐵鞋無覓處，他們得來全不費工夫。如果處在這個象限，當然能有鬆弛感。

第二象限，過程是艱難曲折的，結果卻是令人滿意的，很符合我們的傳統價值觀。不經一番寒徹骨，怎得梅花撲鼻香；業精於勤荒於嬉，行成於思毀於隨；寶劍鋒從磨礪出，梅花香自苦寒來；不經歷風雨，怎能見彩虹……說的都是這個象限。

我覺得自己最接近這個象限，拚了命，盡了興。我主觀想吃苦耐勞，但身體條件不允許。我的解決之道是把拚搏分散，每天拚搏一下，太累就停下。這個象限很難有持續的鬆弛感，拚命時感到的更多是緊繃感和苦澀感。盡興時，我才偶爾會有鬆弛感。

第三象限，過程艱難無比，收穫不成正比；事倍功半，得不償失；沒有功勞，只有苦勞。雖然辛辛苦苦付出很多，但是碌碌無為，收穫很少。低品質勤奮，低收入忙人，這個象限的人很難有鬆弛感，有的更多的是不甘和沉重。

別把筋疲力盡當常態、當榮耀，正如《努力，但不費力：只做最重要的事，其實沒有你想的那麼難》一書中最給我力量的一句話：更容易的方式一直都在，找到它。

第四象限，過程令人享受，收穫很一般。像是沒有什麼追求和野心的人，他們把工作當遊樂場，心態很好，鬆弛感有是有，但禁不住細究，因為這種鬆弛感建立在外界力量上。一旦外界力量不可持續，他們可能連第三象限都拿不下來。沒有掌控感的鬆弛感，容易被風輕易吹散。

/ 03 /

條條大路通羅馬，兩條道路通鬆弛感。

第一條關於過程，怎麼把忍受變成享受？

第二條關於結果，怎麼把線性變成複利？

我認為過程比結果更好控制，所以更推薦先順著過程射線，把忍受變成享受；再順著結果射線，把線性變成複利。

其實努力有回報，已經是令人欣慰的理想情況了，畢竟線性和複利已經屬於有結果、好結果的象限，而生活中存在壞結果、沒結果的可能性也不小。

怎麼把忍受變成享受？

有三個關鍵節點：事前、事中、事後。

在事前這個關鍵節點，想到至少兩點快樂的好處，去抵消一個痛苦的難處。作家馬伯庸深諳此道。某日他去拔牙，發了條微博：要去拔個牙，請諸君為我擊筑送別。配圖是荊軻刺秦出發前高漸離擊筑送別的場景。

好處一：拔牙與「風蕭蕭兮易水寒，壯士一去兮不復還」形成一種反差，估計他自己也忍俊不禁。

好處二：微博發出後，粉絲前來互動，鼓勵他、安慰他。同為天涯拔牙人，暢談拔牙糟心事。

在事中這個關鍵節點，做至少兩個享受任務，去抗衡一個忍受任務。

一開始，我不喜歡做家務，為了抗衡這個需要忍受的任務，我會做一些享受任務，例如打開窗戶讓空氣對流，打開播放列表中的心儀曲目，聽一段好笑的故事，吃一個喜歡吃的美味水果。做兩個享受任務不夠的話，就做三個，層層加碼，直到順利做完忍受任務。

大學時，我不喜歡跑步，曾經還在跑道上昏倒過；但為了健身和緩解貧血，我會找各種享受任務來讓自己跑起來，例如找好朋友一起跑，找很多有節奏感的音樂邊跑邊聽，重點回想、反覆回味跑步十分鐘後舒暢輕盈的感覺。

在事後這個關鍵節點，想到兩個以上的有益之處，撫平一個抱怨之處。

做完一件讓我忍受的事，給自己幾分鐘的時間，把這件事完整定性。我一般會在這幾分鐘內抱怨，這個人哪裡不好，這件事哪裡不順。抱怨結束後，想幾個有益之處來收尾。例如，豐富了我的寫作素材庫，磨鍊了我的心性，教會我一個道理——禍福相依等等。

/ 04 /

關於結果，怎麼把線性變成複利？

線性，是付出一次，收穫一次。

複利，是付出一次，哪怕下次少付出、不付出，也有收穫，說不定收穫更好、更大。

關於結果有三個重點領域：學習、工作、育兒。在學習領域，再多乾貨不如一個原理。

二〇二二年十一月，我們全家都生病了。兩個月之後，我開始練習八段錦；練了幾天後，我發現八段錦的口訣都既誇張又深奧：單舉能調理脾胃，搖頭擺尾能去心火。還有更讓我納悶的：五勞七傷往後瞧，背後七顛百病消。往身後瞧一瞧，勞傷都化解了，兩足慢慢提起迅速放下，百病就沒有了。真的有這麼神奇嗎？

於是我報名了一個付費課程，想把八段錦動作的原理和核心弄懂。我最喜歡做五勞七傷往後瞧，手臂外旋能刺激各種經脈，肩胛骨往後夾的是「膏肓穴」。弄懂了原理之後，我伏案久了，就條件反射地往後夾肩胛骨，對體態和健康都有好處。

各種方法和乾貨亂花漸欲迷人眼，但接近原理才能少走彎路。例如，護膚的原理是保證皮膚功能的發揮，你塗抹各種護膚品，雖是方法，但有的適合你，有的會讓你過敏。過度護膚不如相信皮膚，「窮養皮膚，富養身體」。

在工作領域，你在從事主業外如果還有心有力，可以在情況允許的前提下創建自有品牌。

二〇一四年，我開始在網上寫作。半年後，我的文章有幸被出版社看中。第一本書出版後，加印了數次。首刷的稿費在出版後半年內一次性拿到，直到今年，每一年的年底我都可以領到這本書的實銷稿費。五年的合約到期後，另一家出版社購買了版權，重新包裝設計後出版，我又領到了一筆稿費。前段時間主編告訴我，繁體中文版和越南語版已經授權，我再次收到一筆稿費。

即使後來我寫別的文章，出別的書，二〇一四年寫的文章也一直在為我創造收入。

輸出的方式多種多樣，我比較喜歡和擅長寫作，還有人喜歡並擅長說話、繪畫或其他藝術性表達。找到自己喜歡並擅長的輸出方式，以輸出帶動輸入。

矽谷著名的投資人納瓦爾·拉維肯總結，賺錢有三種槓桿——勞動力槓桿、資本槓桿，還有複製邊際成本為零的產品。適合我們打工人的兩種槓桿，就是勞動力槓桿和複製邊際成本為零的產品。勞動力槓桿，就是把忍受變成享受，做到像巴菲特說的那樣，每天跳著舞去上班。複製邊際成本為零的產品，例如程式、寫作、專利等。

在育兒領域，你為孩子做這做那，不如發揮孩子的主觀能動性。父親不得不每天都提醒孩子做同樣的家務，他這是在採取線性的育兒方法。

母親把一大堆家務交給孩子去做，並且讓做家務變得有趣，所以無須每天催促孩子做家務，她這是在採取複利性的育兒方法。我女兒現在三歲，我已經開始為幾年後不在書桌前過於生氣而未雨綢繆，幫女兒培養興趣愛好、培養學習習慣都是我現在的工作。

為了以後女兒的立體幾何能學得輕鬆些，我現在經常陪著孩子堆積木、拼樂高；為了以後女兒能夠做好時間管理，我們一起動手定鬧鐘，讓她試著計畫日程。

為了活出鬆弛感，我在事前、事中和事後這三個關鍵節點，盡量把過程中的忍受變成享受，在學習、工作和育兒這三個重要領域，盡量把方法從線性變成複利。

生活，還是要盡量輕鬆一些，這樣你才會更舒心。

06 心定四象限：在不確定的世界裡，先搞定再心定

/ 01 /

有天我和老公去商場新入駐的咖啡店喝咖啡，店主問起我們喜歡的口味，聊著聊著就打開了話匣子。

店主告訴我們，他花了三十多萬元人民幣加盟了這個咖啡品牌，雇了兩個人，人事費一個月一．五萬元人民幣。現在App上的優惠力度大，訂單量也大，預計兩年能回本。但較大的優惠補貼力度和訂單量不確定能維持多久，他更不確定這個咖啡品牌能撐多久。

喝完咖啡，在回家路上，老公說著加盟問題，而我想著人生問題。

你看，初始投資、人工成本、店租水電是確定的，但後面的優惠力度、訂單量、回本年限、品牌存續等問題都是不確定的。

這像極了人生。人有生老病死、活著要錢、人會退休、育兒費心、夫妻摩擦、理財需投入本金……都是確定的。

而生病或死亡的時間和方式，理財有沒有收益，工作會不會變動，夫妻每次吵架的開端、發展、高潮、結局，孩子成長好不好……都是不確定的。

老公說的話已被我處理成白噪聲，此刻我的腦海裡只有一條長長的橫軸，左邊是不確定的事，右邊是確定的事。

人生中那些確定的事情，讓我愈想愈煩躁。不確定的事情，反而給我想像空間和操作空間。

/ 02 /

這兩、三年，我感到茫然和焦慮。以前過慣了同比增長的生活，現在的日子我倒有點不會過了。

在充滿確定與不確定的生活中，我應該如何安放自己？一開始我想到的縱坐標是：搞定。

提升自己搞定的能力，確實是有效的外部方法。但從微觀來說，個人的搞定能力存在天花板；從宏觀來說，環境瞬息萬變，再高的個人搞定能力，在環境面前很可能只是螳臂當車。

我每天照常上下班，正常接送孩子，內心偶爾飄過一絲焦慮和不安。感覺自己能做的都做了，該讀書讀書，該工作工作，該結婚結婚，該生子生子……按部就班。但我不知道自己哪步會出錯，人生哪一環節會發生巨變。有一腳踏空的預感，卻不知道哪一腳會踏空。

除了「搞定」這個武功招式，對我而言，更重要的是「心定」這個內功心法。

心定是內心的定力，是篤定、平靜，甚至喜樂。

有個形象的比喻：圓規為什麼可以畫圓？因為腳在走，心不變。人們為什麼不能圓夢？因為心不定，腳不走。

那麼，怎麼提升並穩固內心的定力呢？

我試過多種方法，正念、心流、冥想……對我來說，這些只是局部見效，限時管用。我從亞里斯多德的理論獲取靈感，得到了更接近真相的答案。亞里斯多德把將未來的目的放在首位的行為稱為「運動性行為」，把不考慮未來的目的而專注當下的行為稱為「現實性行為」。

在我以前的認知裡，運動性行為令人心安，有計畫性、有前瞻性，犧牲眼下樂趣，為了未來籌備；現實性行為使人沉溺，人無遠慮，必有近憂，追求剎那歡愉，終是鏡花水月。

亞里斯多德指出，現實性行為就是「個體在當下感受到快樂和充實」這一狀態「已經實現的成果」。

亞里斯多德的話，勾起我關於乒乓球的回憶。

去年我參加了乒乓球團建比賽，在熱身賽中，對手誤以為我是高手。因為我多年沒碰乒乓球了，我回想大學選修課上乒乓球老師教的握拍方式、步伐走位、身體重心、旋球打法，並嚴苛地照著做，過於在意形式。

正式比賽的前幾個回合，我贏了一兩局後，想著勝負，盯著比分，腳步亂了，失誤頻出，雜念紛起，最終輸掉了比賽。

今年我再次參加了乒乓球比賽。我汲取上次比賽的教訓，並不想贏不贏球、姿勢打法，我只做一件事，那就是好好看著對方的球怎麼走，還有餘力的話就好好看著對方的拍怎麼揮。結果由於動作和心態鬆弛，我超常發揮。

回憶結束後，我意識到，以達到目的為優先的運動性行為，容易使動作變形、心態走樣，結果不好。而現實性行為的奇妙之處就在於，放下目的而專注於過程，因全程集中到當下，往往有如神助，收穫驚喜。

但說實話，我不認為人可以在做每件事時都活在當下。最好的做法是，在重視目的的運動性行為和重視過程的現實性行為之間找到平衡。

/ 03 /

於是，我重新畫了心定四象限。

橫軸右邊為確定的事，例如衰老、生病、死亡、退休、支出、勞作、吵架、痛苦……

橫軸左邊為不確定的事，例如退休富不富、身體好不好、壽命長不長、婚姻幸不幸福、孩子成不成器、收益滿不滿意……

縱軸上方為運動性行為，以未來為目標。縱軸下方為現實性行為，以現在為目標。

第一象限，在確定的事上，以未來為目標，採取運動性行為。

以未來為目標——既然是目標，當然希望達成目標。有目標，有計畫，有執行。

在這些事上以未來為優先級，做看似正確的事。例如，按照現代醫學相對取得共識的方向養生，按照樸素的常識多為將來存錢，提早有個愛好填補退休的空白時間，以及增強人生體驗。

適度養生，合理儲蓄，體驗人生。每做一點正面積累，心裡自動獲得積分，攢下穩定感和安全感。

在確定的事上，要有準備。做確定的事相對而言容易讓人心定，再加上準備過後帶來的心定，人容易獲得雙重心定。

第二象限，在不確定的事上，以未來為目標，採取運動性行為。

在育兒上，你付出良多，不能保證孩子幸福到老。

在工作上，你兢兢業業，不能保證公司經營長久，給你養老。在感情上，你諸多忍讓，不能保證白頭偕老。

未來是不確定的，雖然你做好了以未來好為目標的計畫，但生活有它的隨機性，他人有他人的意志和選擇。你總想著未來，但未來如何，只代表你的一廂情願。你很可能大喜大悲、患得患失、畏首畏尾。

第三象限，在不確定的事上，以現在為目標，採取現實性行為。

既然未來紛繁複雜、難以預料，那麼它就不是有關投入產出比的問題，而是計畫太多，變化太快。當以現在好為優先目標，做當下應該做的事、必須做的事和喜歡做的事時，別想著別人怎麼評價，別想著結果是好是壞，盡量專注於此時此刻。

第四象限，在確定的事上，以現在為目標，採取現實性行為。

例如，你現在正在遭遇一些確定的事，如果你過度沉浸在現實中，不轉移注意力，不願意走出來，便會痛上加痛、苦上加苦。

換個角度想，以後這些現在確定的事還要經歷，又何必讓自己深陷於此，無法自拔？

以現在為目標，是要以現在好為基礎的。如果現在不好，便不必那麼極致地體驗現在。

現在感到太痛苦，就給自己喘息的空間；感到太累，就讓自己放鬆一下。

/ 04 /

心定四象限專為泛焦慮、泛心慌的時候而設計。

很多人可能認為，因為有確定的事，所以要更享受當下；因為有不確定的事，所以要有理想信念。

我以前也這麼認為，可生活和心情並沒因此好轉，所以我決定反過來試試。

確定的事，以未來好為目標，多起善念，多行善事，多做對事，去過有準備的人生；不確定的事，以現在好為目標，不念過去，不畏將來，心少罣礙，過活在當下的人生。

做確定的事容易心定，所以更要動起來；做不確定的事易心亂，所以更要靜下來，專注當下。

做不確定的事切忌湊在一起做，一個難題想好再想下一個，一件事做完再做下一件事，不要自亂陣腳。

/ 05 /

心定四象限很有效地改善了我的泛焦慮和泛心慌，每當我感到焦慮和心慌時，我就拆解讓我焦慮和心慌的事，拆出其中確定和不確定的成分。

例如我第一天送女兒去幼兒園，她出門拖拖拉拉，到幼兒園門口不想入園，抱著我哭，我狠心把她送進去，趕緊去上班。一路上，我又心疼女兒，又心煩遲到，遇到紅燈我暴躁，遇到塞車我生氣。

我隨即想到心定四象限，上班遲到是確定的，路上的心情是不確定的。

為了未來好，為確定的事做好準備，和同事打好招呼，和客戶說明情況，把遲到造成的損失降至最低。

為了現在好，為不確定的事調動五感，活在當下。但我試了，聽音樂、聽Podcast會走神，一感不夠，增至兩感。看影片，聽覺和視覺都能用上，看了半集人物訪談節目，心情變得平靜。

我經過多次實踐，發現心定四象限確實有奇效。每當我感到心亂、心煩時，便找到心定四象限，它會帶著我進入一間沒人的溫馨房間，裡面散發著令我放鬆的香味。它用溫柔且堅定的語氣，引導我把腦中大軍壓境般的情緒，拆分成確定和不確定的成分，各自代入運動性行為和現實性行為，讓我預覽效果。於是我由衷地向它道謝，因為我此刻心平氣和、內心篤定，我已經知道自己接下來要做什麼、怎麼做了。

第四章

把所有事，都變成好事

並不是任何事情困擾到你、侵犯到你時，我都勸你是非不分，
真假不計。在大多數時候，請你勇敢捍衛自己的權利。
而對於剪不斷理還亂的關係，一些清官都難斷的家務事，
建議你能改變的就改變，不能改變的就接受，
用好壞大小來調整這件事在自己心裡的位置和角度。
這樣的心理善後會讓接受的過程舒服很多。

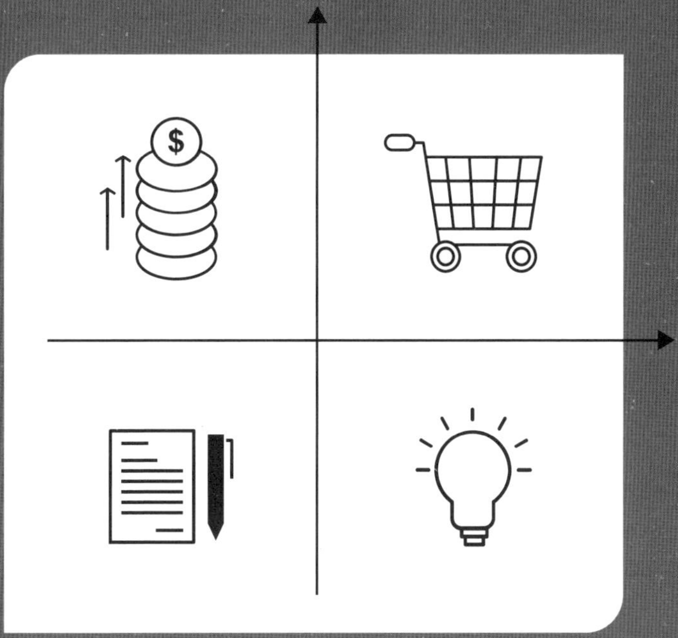

01 省錢四象限：有時候省錢，比浪費更可怕

/ 01 /

有段時間，年輕同事和我聊起他無效省錢的故事。

他為了省十元停車費，把車停在路邊，被罰兩百元；看綜藝預告片看上癮，就立馬充值了會員，卻發現好笑的片段全都已經剪在了預告片裡；在外面沒吃完的東西，打包回家放冰箱，一週後捏著鼻子拎出來扔掉。

同事問我能不能省下錢來。我說自己每個月扣除房貸、育兒、吃穿用度，還能存一點。

同事總結說，很多人省小錢吃大虧，養孩子注定要花錢；愛省的人一直會省，愛花的人會一直花；開銷多還能攢下錢的

人，是最懂有效省錢的。

/ 02 /

其實無效省錢、無效花錢的事，我也做了不少，但被人一吹捧，我就發誓要弄清楚到底怎樣才能算有效省錢。

當談到省錢時，我要先從兩個必要端口——工作端和消費端，開始分析。

《工作、消費主義和新窮人》一書，精準地揭露了工作和消費的殘酷新真相：「目前全球趨勢是，透過大幅度減少產品和服務壽命，以及提供不穩定的工作，將經濟導向短週期和不確定的生產。」

關於工作端

二〇二二年東芝撤出大連，我接觸到東芝的一位前中層幹部，他告訴我，在失去工作後，他很難找到同等水準的工作。資本可以自動流動，但勞動力依賴本土工作謀生，當資本轉移時，本地勞動力無能為力。

工作是靈活的，而市場難以提供保證獲利的終生穩定職業。

關於消費端

產品壽命是預設的。消費的產品和服務不會一次性解決問題。消費欲望是難免的。理想的消費，應該能立即給人帶來滿足感，無須準備，沒有延時，滿足感迅速得到，再盡快消失。

理想的消費者應該無法對任何目標保持長期關注，他們沒有耐心、焦躁衝動，尤其容易激動，又容易厭倦。

為了提高消費者的消費意願和能力，必須讓他們不斷接受新誘惑。市場把人們培養成消費者，剝奪了他們不受誘惑的自由，他們還要主動尋求被誘惑。我們就這樣，生活在充滿誘惑的巨型矩陣裡。

/ 03 /

說完工作和消費的新變化，再來看省錢。省錢＝賺錢－花錢。

有效省錢＝賺錢＞花錢＝工作端的賺錢＋消費端的賺錢＞工作端的花錢＋消費端的花錢。

用四象限展開，一目了然，便於理解（見圖 4-1）。

第一象限：工作端的賺錢。

有個名詞叫「草帽曲線」，它把人生分為三個時期：一個人的零至二十五歲為成長期，經濟依賴父母；二十五至六十歲為黃金期，自己賺錢生活；六十歲到死亡為養老期，靠積蓄生活。支出線像一條帽檐形狀但坡度小的長曲線，而收入線則像

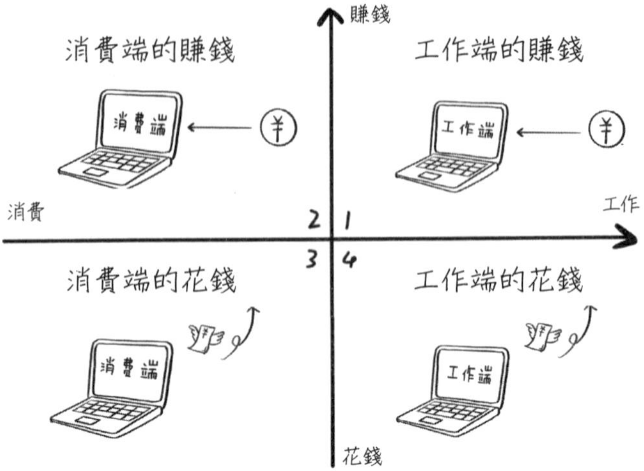

圖 4-1 工作端－消費端金錢流向四象限

一條帽檐形狀但坡度大的短曲線（見圖 4-2）。

草帽曲線給我的啟示是，如果我活到八十歲，那麼成長期占 31%，黃金期占 44%，養老期占 25%。

也就是說，假設我每個月的工資是一萬元人民幣，31% 花在小孩成長上，25% 用於儲蓄養老。那麼，我的可支配收入就是四千四百元人民幣，但這些並不能全部用於消費。賺一萬元花一萬元，看似月光，實則透支。

如果你的工作剛好趕上紅利期，那麼你要更勤奮、更珍惜。你要有防患於未然的心態，萬一紅利期很快就轉向過剩期了，

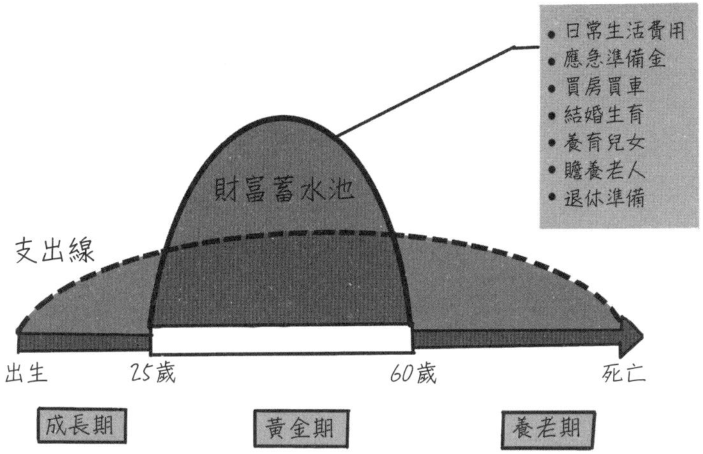

圖 4-2 草帽曲線（出自趙磊、馮瀟的《四象限理財》。）

你需要有所準備。

工作中省著「用」自己。要有好心情，不和工作中的人生氣；要有好身體，工作中也不忘養生。泡壺養生茶，工作半小時按摩一下頭皮，再工作半小時，做個眼睛保健操。

工作只需要人的一部分精力，例如分析、執行、傳達、擺平，你不需要投入太多情緒和情感，因為這與生產力的關係不大。

第二象限：消費端的賺錢。

保養身體在工作端和消費端都是最保值和增值的行為。如果要消費，健康權重大於審美和娛樂，不要長時間以健康為代價，沉溺消費帶來的一時喜悅之中。

做一個明智的消費者，而不是理想的消費者，減少被誘惑的機會，專心看一會兒書，認真做點事。

每個月審視各大電商平臺的全部購物訂單，看看其中哪些好用、哪些能用、哪些棄用。久而久之，讓自己成為一個會消費的人，以用完東西的單次使用價格和心情，作為衡量是否會消費的標準。

會利用規律。我朋友本打算「五一」假期出遊，她查了機票和酒店價格後，果斷在四月中旬請年假旅遊。錯峰遊玩，省錢又省力。

我見過的比較厲害的消費端賺錢，就是一些關鍵意見領袖（KOL）和關鍵意見消費者（KOC）。他們知道自己擅長「說、寫、畫、演」中的哪種輸出方式，利用興趣和特長，分享消費感悟，填平資訊差，自己也能從中獲利。

第三象限：消費端的花錢。

以現在消費市場的成熟度，你只要隨波逐流，就能把錢花出去。我發現「互相填坑式消費」最費錢。例如，夏天要塗防晒和隔離霜，所以毛孔就容易堵塞，輕則在家清潔毛孔，重則去外面做清潔。防晒給毛孔「挖坑」，清潔給毛孔「填坑」。

相似的例子還有一邊享受美食，一邊健身減肥；一邊燙染頭髮，一邊養髮育髮；一邊穿著清涼，一邊晒後修復……

於是，我們需要不停地調適，以找到合適的平衡位。例如毛孔堵塞問題，我嘗試塗抹無須卸妝的防晒霜，再加強臉部的物理防晒，我發現皮膚不僅沒被晒黑，毛孔堵塞還更少了。錢省了，皮膚狀態也更好，一舉兩得。

在消費端花錢，喜歡是本能，克制是本事。被廣告牽著鼻子走是本能，只選擇適合自己的產品是本事。

第四象限：工作端的花錢。

工作中的花錢行為，常因補償和焦慮出現。

因為在工作中，我經常被氣到、被累到，所以需要額外的醫療費和娛樂費作為補償。

看到這個賺錢快，聽說那個掙錢多，零基礎也能賺大錢，小白也能輕鬆賺，不顧自己的基本面，盲目花錢培訓，但沒堅持，沒學成，沒應用，這是焦慮費。

你實際的薪水，是到手的錢減去補償費和焦慮費以後的結餘。以上，是我想到的省錢四象限。

成年人省下的錢，不僅是儲蓄，更是安全感。

02 收支四象限：千萬別當賺辛苦錢、花冤枉錢的冤大頭

/ 01 /

小學時我想不通開著進水管又開著出水管這類數學題的出題邏輯，成年後才知這是生活必然。

當消費升級遇上收入降級時，我們有必要拿出收支四象限，幫自己對號入座。

第一象限：好賺，好花。

拚盡全力，千金散盡。

處在這個象限，其實是省不下錢來的。一旦錢沒那麼好賺了，生活品質就會斷崖式下降。

「一旦」這個詞讓人沒有安全感，但其實這是常態，很多

行業的發展和微生物的生長曲線類似，依次經歷適應期、指數期、穩定期和衰亡期。

在賺錢的指數期，你可以認為錢不是省出來的，而是賺出來的。你可以認為花錢時別猶豫。放縱消費欲一段時間後，你就來到了賺錢穩定期。如果你在賺錢穩定期還繼續大手大腳，胡亂揮霍，心情不好就化悲憤為食欲和購物欲，天真地認為「千金散」就能「還復來」，那麼當你一旦進入賺錢衰亡期，你便可能入不敷出。

第二象限：難賺，好花。

賺辛苦錢，花冤枉錢。

賺錢如爬山，步步艱又難，花錢如流水，一去不復返。賺錢能力追不上花錢的速度，透支成為必然。極端情況是自己開始拆東牆補西牆，然後找朋友和親人借錢。這是不能持續待著的象限，趕緊騰挪。

第三象限：難賺，難花。

賺錢不易，且花且珍惜。

深知賺錢辛苦不易，所以勤儉成性。量入而出是好習慣，但省錢不能太極端。

我曾看過一部紀錄片。爸爸為了供兒子上大學，不僅省吃儉用，還去兒子大學的所在地打工。每次兒子和自己要錢，他都得向工友借錢，並且記在小本上給兒子看。兒子也用自己的方式開源節流，在校期間透過撿瓶子賺錢，同學還差幾口就喝完的礦泉水瓶，他都會在旁邊一直等著收瓶子。

結果，兒子的學習跟不上，也沒有其他技能，不太會操作電腦，連手機都用得不熟練，畢業後也沒有找到好工作。

我在大學時也曾勤工儉學，我發現，貧困容易讓人陷入稀缺模式，只想著省錢，忘記了賺錢。

我們可以儉用，但最好不要省吃。我們要盡量讓飲食結構科學正確，這樣才能保證精力旺盛、體力充沛、頭腦清晰，身體才會保持健康，不然生病又捨不得看病，會釀成大禍。

愈是低谷階段，我們愈要有強壯的身體、不屈的精神，去尋覓機會，去改變命運。

第四象限：好賺，難花。

有些人喜歡上班的一個理由就是不僅能多賺錢，還能少花錢；不然閒著沒事，容易衝動消費。

看著錢的淨流入當然開心，但也要按比例地改善生活水準，增加休息時間。

理順自己的金錢觀。如果金錢對你來說，只是創造力和好奇心的副產品，那只能尊稱你一聲「偶像」；如果金錢對你來說，與不安全感、匱乏感緊密相關，那你需要好好分析一下自己的金錢觀，平衡好工作和休息、事業和家庭。

/ 02 /

其實每個象限，你都能想到偏正面和偏負面的案例。這篇文章接下來的部分，分析不是重點，省錢的辦法才是重點。

前幾年我喜歡研究賺錢的方法，這幾年開始研究省錢的辦法。

（1）關於積分兌換

用在手機運營商消費的積分兌換手機話費。用戶發送相應簡訊到各自運營商對應的號碼。

微信裡微信支付－支付服務－支付有優惠裡可以收集金幣，兌換微信提現免費券。

在支付寶搜尋框搜「積分」，進入「支付寶會員」，簽到、瀏覽內容、做任務均可攢分，進入「積分當錢花」，可換支付寶紅包、公車紅包和叫車券等。

攢支付寶積分的方式基本就是簽到、打卡、做任務、瀏覽網頁、邀請好友、玩遊戲等，用你的眼球和停留來賺取積分。如果需要花更多時間，打斷專注去簽到，邀請好友留下不佳印象，為了攢積分而亂消費，那就本末倒置了。

（2）關於衣食住行

我去實體店試穿衣服時，會穿著當季最喜歡的衣服，想買的衣服必須美過身上穿的這套，才能買下來。這樣更能買到喜歡且適合的衣服，顯著減少置裝費。最好有意識地記住幾個常穿品牌的折扣季。

點外送時，我一般會在外送軟體上收藏店鋪，領取平臺津貼。我一般不會辦會員卡，因為之前有過店鋪倒閉維權未果的教訓。我也不會一次性給會員卡充值很多錢，因為每次最後總有一點錢留在卡裡，不去消費覺得不甘心，去消費又得續約。我喜歡買單次卡，一次消費，用過即拋。我一般會在週五買一兩張，供週末使用，這樣週末時就不必費盡心思想去哪裡玩，也不用擔心逾期作廢。

有次我為了買糕點排隊，發現排在我前面的人一個比一個「內行」，他們向店家展示平臺優惠券和優惠碼，省了不少錢。我臨時去搜尋，果然有優惠券。

最好不要非去湊滿減，像是第二件半價、滿五十打八折等，吃多了還得減肥。

只用一個 App，會使你的忠誠度太高，平臺對你的優惠力度將降低。例如叫車，我平時用 ×× 叫車用慣了，有次看到 ×× 出行等叫車軟體，為了吸引新用戶，給出誘人的優惠。我建議哪個 App 便宜用哪個。

經常寄快遞或要寄的快遞較多時，試試使用菜鳥裹裹商家版。我會經常送書給讀者，後悔沒早用菜鳥裹裹商家版下單。微信小程式搜「菜鳥裹裹商家版」，每週大於兩單或寄件次數大於兩次就可保住商家身分。首單有優惠，小程式上填好收發貨地址後，工作人員便會在約定的時間內上門取件，你直接報寄件碼即可。這種方法省錢又省時，寄快遞多的朋友請惠存。

（3）關於購物技巧

在網購時，你可以巧用搜尋字。比如將「暖宮貼」換成「暖寶寶」，將「卸甲棉」換成「無塵紙」，將「口紅收納盒」換成「筆收納盒」，你會發現後者比前者便宜不少。

網購的商家經常會在包裹裡放張小卡片，上面寫著「精緻買家秀＋精美影片 ＋全五星＋二十字以上好評＋截圖傳客服，可領紅包」。出於好奇，我試過幾次，基本都會送產品，但沒有一次是直接發紅包，商家通常是邀請我加入購物群，客服會在群裡傳很多資訊，我最終失望退群，原本滿意的購物體驗也消失殆盡。

此外，如果要寫商品評論的話，要以真實客觀為主，給其他消費者有價值的參考。

以前我為了節約時間，一般不寫商品評論，後來我發現，寫商品評論的關鍵是能讓自己反思復盤這次購物行為。哪怕不寫評論，每個週末或每個月月底，我也會打開電商軟體的全部訂單，重點看本週或當月的訂單，客觀評價東西買得好不好、值不值。久而久之，我便能減少衝動消費，變得更會篩選產品了。

我的皮膚比較敏感，所以一般都是去專櫃購買保養品。店員可以根據我的皮膚狀態推薦適合我的護膚品。我還可以向店員要一些我意向產品的試用品，並且加店員的微信。如果試了試用品不會過敏而且效果不錯，我就直接透過微信和店員購買，店員將商品寄給我即可。

（4）關於二手物品

平時使用東西的時候盡量愛惜些，這樣等不用的時候可以放在二手平臺出售。閒置的二手書也可以出售，你下單後會有平臺合作的快遞上門取件，你賣書的錢可以提現，也可以留在該平臺購買二手書。

（5）關於生活習慣

要減少一次性物品的使用。以前我很愛用眼鏡濕巾，擦完眼鏡順便擦手機螢幕。後來我則常去我購買眼鏡的眼鏡店洗眼鏡，這樣眼鏡可以洗得更乾淨，店員還會幫我調整鏡架。

包裡常備乾淨、質感較好的小布袋，這樣去超市買東西的時候就不用另買塑膠袋了，低碳又省錢。

養成愛護東西的好習慣。我經常弄丟防晒傘、防晒面罩，總要重新買，這對我來說也是額外開支。以前我離開一個地方，會在腦子裡想一遍：包包和手機拿了沒？現在，我腦子裡想的容量大了，變成包包、手機、口罩、傘都在不在？意識提高，東西便很少丟了。

我以前很愛給孩子買兒童玩具，這些玩具本來就不便宜，有些玩具買回來孩子也不愛玩。所以，我開始發揮想像自己動手做玩具，例如桌上保齡球（用水彩筆立起來當保齡球）；畫電梯按鍵圖（貼在門上假裝坐電梯）；被子遊戲（爸媽分別拉被子的兩個角，形成一個包裹性很強的鞦韆）；創意組合現有的兒童玩具⋯⋯ 這樣一來，家長省錢了，孩子也開心了。

要有意識地記錄消費明細。《成就上癮》的作者戴倫·哈迪最早因為財務出了問題，就在小筆記本上記下了三十天裡自己花出的每一分錢。他放棄買一些不需要的東西，這樣避免了浪費，也解決了財務危機。這是最省錢的習慣。記著記著，你會反思，會改善，會計畫，最後把錢省下來。

收支四象限是我所有四象限裡的常用模板，遇到消費誘惑心動了，看到帳單震驚了，看到餘額焦慮了，我都會打開收支四象限，知道自己被困在哪裡、想要去哪裡。

這幾年，我領略到開展「節約」課題的必要性，我收穫了很多新知、體驗和隱藏攻略，彷彿打開了新世界的大門。嘗試一段時間，就能知道哪些好用、哪些沒用，結合自己的習慣和性格，選出一些適合的節流方法，把錢省下來，把錢與人的關係處理得當。

03 想到做到四象限：積極「狠人」們，如何想到又做到

/ 01 /

有個週末，我們一家人帶著吊床，拿著餐墊，欣然前往植物園郊遊。蜿蜒的小溪，成片的水杉林，我們在綠水青山間度過了一個美好的週末。

趁著家人帶著我女兒在溪邊歡樂踩水，我躺在吊床上，在吊床的承托和包覆中，我感到了久違的放鬆。空氣澄澈，視野遼闊，林間光影忽明忽暗。知了的叫聲、鳥兒的歌聲、樹葉的摩挲聲，所有聲音都經過了大自然的層層過濾和迴蕩，極具療癒感。

我把手機鎖定螢幕，雙手交疊托住後腦，悠閒地躺著，任

由思緒飛揚。

剛開始，我的腦中有些工作、生活、人際上的瑣事片段，但人間瑣事在浩蕩自然中很容易被風吹散。接著我慢慢沉澱，想到開心的事、想做的事。

隨後，我的想法慢慢聚焦在吃上，我想起曾經在這附近吃過的一家餐廳，回憶著記憶中的口感和滋味，想到停不下來，想到直吞嚥口水。

接近吃飯時間，家人收拾好東西，一起去找那家餐廳。路上經歷一場始料未及的雷陣雨，我們沒處遮雨，車又難叫，人均六分濕，好在雨下得快，停得也快。

我們略帶狼狽地找到餐廳，人多隊長。為了能早點吃上飯，我們在他家的員工休息廳裡用餐。當全家人又冷又餓時，美食的驚豔度更上一個臺階。

吃完出來，我發現地面已乾，毫無雨痕，一切像場不可思議的美妙白日夢。

我和親愛的家人一起，吃到我想吃的美食，那頓飯風味絕佳，令我久久難忘，那真是一個高品質的週末。

/ 02 /

我看過一本書，書名叫《恆毅力的七堂課》，書名形容的狀態很吸引我。但經過高品質週末後，我對「想到又做到」又有了不同的理解。

想到，是在閒暇時、獨處時、清醒時、半夢半醒時，想到內心想做的事，包括但不限於想吃什麼、想玩什麼、想做什麼、想說什麼、想寫什麼……這些不是別人叫你做的、催你做的，而是你自己發自內心想做的。

做到，是把想到的想法落實成做到的事情，也包括對不想做的事情，克服慣性和阻礙後改良或不做。根據想法的複雜程度，可能需要目標、計畫、拆解、執行、改良、落實等，也可能需要時間、金錢、人力、物力、心力等。

我忍不住畫了一個「想到－做到」的四象限，橫軸從左到右分別是沒想到和想到；縱軸從上到下，分別是做到和沒做到（見圖 4-3）。

第一象限：想到又做到，這屬於積極牛人[①]**。**

幸福感、掌控感、成就感三感合一，是我較為嚮往的象限。

---

① 牛人：指厲害的人——編者注

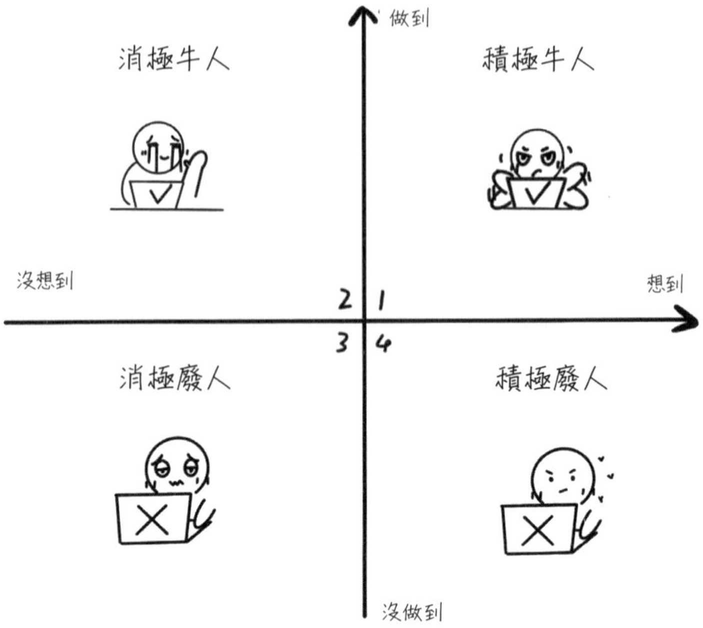

圖 4-3 想到－做到四象限

新東方的創始人俞敏洪說過，人生有三件幸福的事：有人愛、有事做、有所期待。我覺得排在最後的「有所期待」是最重要的。小確幸也好，大願景也罷，都是讓人有精神氣和驅動力的源泉。

很多自我成長書籍側重於想到以後怎麼做到，默認「想到」是自然而然又理所應當的事。我卻覺得「有所期待」正在變得愈來愈困難。我們太忙，白天忙別人的事，晚上又在自己的時間裡好奇別人的事，愈來愈把自己活成局外人。

我接觸過一些處於階段性憂鬱情緒中的朋友，和他們聊天時我發現，他們覺得什麼事情都沒意思、沒盼頭。他們中的大多數人，能力很強、發展不錯，他們不是做不好什麼，而是根本不想做什麼。

我處在低谷狀態時，別人安排給我的事不想做，又不知道自己想做的事是什麼；處在寫作瓶頸時，根本不知道想寫什麼，而不是想到了不想寫或不會寫。

高品質週末啟發我，人想要能想到，需要有閒暇。就像一位讀者問科幻作家劉慈欣如何豐富人們的想像力，劉慈欣說：「首先，你得找一份既有錢又悠閒的工作。如果你每個月從銀行拿利息，在家無所事事，你的想像力肯定會豐富。整天為生計忙碌的人，想像力則不會太豐富。」

為了能想到，要有點時間，有點空閒，有點心境，有點儀式感。例如，清風作陪，溪水潺流，在大自然的作品中，任由念起，任由念落，感受心之所想。

當然，並不是所有想到的都要做到，但不妨嘗試一些想起來就感興趣，並感到興奮和幸福的事。

很多厲害的人會專門騰出時間來思考，不做其他事，好似偷得浮生半日閒用來思考。

以前我覺得自己挺忙碌的，但當我試著刻意給自己創建一個瞎想或遐想的時間，還是可以做到的。

我能想到很多想做的事：我想學點教育規劃，想給某人一個驚喜，想換一個形象示人，想寫某個故事情節……想得愈多，心裡愈歡喜，生活愈可親。想得多了，不去做全是問題，去做了全是答案。

第二象限：沒想到卻做到，這屬於消極牛人。

漫畫《淘氣小親親》裡的天才入江直樹，智商高、體育好、長得帥，很受學校女生青睞。他做什麼看似都毫不費力，得來全不費工夫。但在遇到女主之前，他活得也沒多開心，因為他不知道自己喜歡什麼、想學什麼專業、想做什麼工作。

儘管我知道人與人的智商和天賦差別很大，但我還是一廂情願地相信，那些聲稱「沒在學，都在玩」、「沒努力，運氣好」的學生們，一定有一些事半功倍的技巧，或者自己都沒意識到的良好的學習習慣。

沒有目標的好學生，能滿足父母和學校的期待，但自身內驅力沒被喚醒。他們被一些學者稱為「優秀的綿羊」，有能力卻沒動力，有天賦卻沒抱負，掌握了成事的方法，卻沒有成事的熱忱。

第三象限：沒想到也沒做到，這屬於消極廢人。

這一象限的人常常碌碌無為、得過且過，不抱什麼期待，也不做什麼努力。因為沒有期待，所以失望也就變得可以忍受了。

當我陷入這個象限時，我會提醒自己想想張桂梅老師說的那句：放棄和認命是一條沒有盡頭的「下坡路」，請記住，在任何一個你沒有察覺的時刻，包括現在，透過行動去改變命運的機會，一直都存在。

其實，很多人都會有消極廢人這個階段。當面對全力以赴後的無疾而終、對環境變化的無所適從時，你可以當一陣子消極廢人，多給自己一點自我關懷的時間和空間，但不要因此而否定自己的人生。

第四象限：想到沒做到，這屬於積極廢人。

他們可能是空想家，睡前想好千條路，早上起來走老路。

他們可能是拖延症患者，是思想上的巨人，行動上的侏儒。想得太多，做得太少，儘管心態積極向上，卻沒有一點行動。

他們也可能是低品質勤奮者，付出了不少的努力，現實卻依舊不如意。

他們還可能是淺嘗輒止者，在看中一份工作的待遇或虛榮時，考證評級已經抵達努力上限，之後就沒有提升了。

想到做不到，讓人有些遺憾，自我效能感也將變低。

想到是一切美好的開始，關於如何做到想做的事，以下三個方法深得我心。

一是 iOIF 法，由日本作家金川顯教提出，四個字母分別代表：微投入（input）、產出（Output）、投入（Input）、回饋（Feedback）。先獲取最基礎的知識和資訊，然後馬上付諸行動，其間如果發現不懂或不足之處，就繼續獲取必要的知識和資訊，最後反過來檢查全過程。

二是 PDCA 法，由美國品質管理專家蕭華德提出，如前所述，四個字母分別代表：計畫（Plan）、行動（Do）、檢查（Check）、改善（Act）。將工作按照以下順序做好：做出計畫、計畫實施、檢查實施效果，然後將成功的納入標準，不成功的留待下一循環去解決。

三是大於下限且小於上限法。出版了十八部暢銷小說的作家莉薩說：「要調整自己的節奏，如果你寫得太快太多，你就會偏離主題，失去方向；而如果你不經常寫，你會失去勢頭。每天寫一千字是一個不錯的量。」同樣，若你不做事，久而久之，將愈來愈不想做；做太多，久而久之也會愈來愈不想做，找到自己覺得剛剛好的度即可。

要做一件事，先別給自己太大壓力，只做必要的思考和準備就盡快開始。正如史鐵生說的「魯莽者要學會思考，善思者要克服猶豫」，把目標拆成一個個小單元，分配至每天，盡量保持輕鬆，否則你很快就會從入門到放棄；盡量保持有趣，在過程中放大喜樂點，縮小痛苦點。等階段性好處顯現時，做事的甜頭會慢慢把痛苦覆蓋，使工作進入正向循環。一個人往往因為想做而去做，又因為在做中獲得收益而堅持做。

04 肯恩·威爾伯四象限：我們要努力，也要會選擇

/ 01 /

經常有讀者讓我對他們的工作提一些建議，例如部門人際關係太複雜，自己要不要調部門？薪水待遇太低了，自己要不要跳槽？自己不喜歡這行，要不要轉行？在大城市打拚太辛苦，自己要不要回老家發展？

我認為自己離提供建議或意見那步相差甚遠。於是，我根據讀者提供的資訊，把自己面臨兩難選擇時的祕密武器——肯恩・威爾伯四象限教給了他們。這位肯恩・威爾伯，是美國知名的心理學家和整合學家。

肯恩・威爾伯四象限就是在紙上畫兩條垂直交叉的直線，

上方代表個人，下方代表集體；左邊代表內在，右邊代表外在（見圖 4-4）。

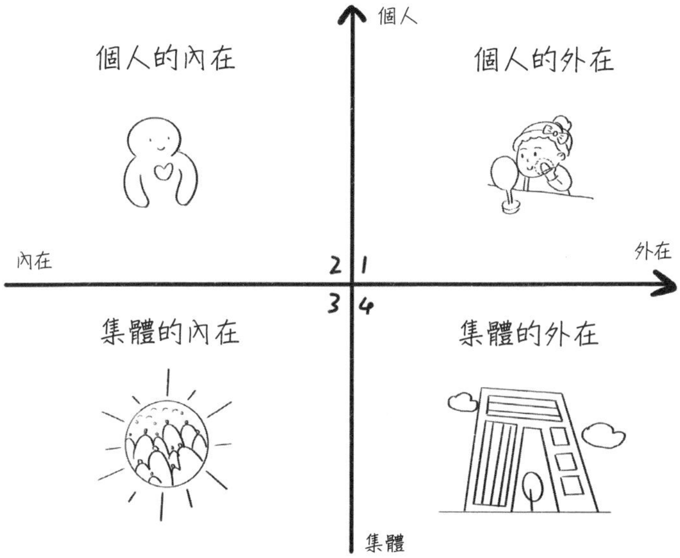

圖 4-4 肯恩．威爾伯四象限（變體）

第一象限是個人的外在，包括以下幾個方面。

身體：年齡、髮量、皮膚、精力、健康等。

身外之名：頭銜、身分、職級、榮譽等。

身外之物：金錢、房子、車子、資產等。

行為：做事速度、數量、品質和效益等。

語言：表達的準確性、有效性、優美度等。

能力：專業、技術和經驗等。

第二象限是個人的內在。

它包括能量、感覺；情緒、情感；經歷、體驗；信念、三觀；心態、性格；格局、境界。

第三象限是集體的內在。

它指的是在家庭、學校、公司之類被肯恩·威爾伯稱為「主體之間共同享有的空間」中人與人的關係，如親子關係、夫妻關係、同事關係、朋友關係等。

第四象限是系統的外在。

可以將其抽象理解為地理位置、時代機會、集體意識等大環境。經常關心大趨勢，會不知不覺做對選擇。

我提醒讀者，以上羅列出的內容較為全面，在現實生活中針對具體問題時，只需要抓住主要、相關的方面填寫即可。

先畫一個肯恩·威爾伯四象限 I，按照上述內容，盡量走心填寫。然後再畫一個肯恩·威爾伯四象限 II，想像你調部門、跳槽、轉行、換城市發展後的場景，可以上網找資料、問親朋好友、聯繫同學校友，調動手頭上的資源，了解新職務、新公司、新行業、新城市的需求和現狀，愈具體詳盡、貼近現實愈好。

很多讀者表示，當自己認真做功課，填寫兩張四象限時，答案已漸漸浮出。有人誇這四象限真是相見恨晚。

那還用說，當我走進死胡同，或走到十字路口，不知怎麼選，不知怎麼辦，肯恩．威爾伯四象限給我提供一個「會選」的邏輯框架，往往讓我得出一個接近最佳且很少令我後悔的答案。

/ 02 /

沉迷小說的我，總感覺來自生活又高於生活的小說，把要告訴我的道理藏在了肯恩．威爾伯四象限中。

有類小說在第一象限（個人的外在）掙扎，要名、要利、要錢、要美，例如《大亨小傳》。

有類小說在第二象限（個人的內在）沉浮，世俗條件優越的人非要修行悟道，例如《流浪者之歌》。

很多東亞小說盤踞在第三象限（集體的內在），婆媳關係、夫妻關係、同事關係，描述的人情社會戲劇衝突強，充滿張力。

很多時代文藝作品反映第四象限（系統的外在），時代才是最大的導演，例如《大江大河》、《下沉年代》。

在小說中，我經歷了多重人生，把主人公安放在肯恩．威爾伯四象限中，彷彿見天地、見眾生，而後見自己。

回歸真實生活中，我摸索出我個人對待四個象限的態度，可供讀者參考。

第一象限：要麼奮鬥，要麼接受。

個人外在的內容具象化，容易刺激自己有所改變。我們漫長的人生都要與這個立身之本的象限打交道。應盡力改變能改變的，接受不能改變的。

第二象限：理論先行，實踐跟上。

我是高敏感的人，心情易受自己和別人的影響，早已受夠了心累的日常。

對此，我的解決方法就是「理論連繫實際」。

在個人內在象限中，各種心理學、認知學、醫學等知識，或者小說都能起作用。但如果只看不做，那麼效果便有限，當理論照進現實，我們才能加速自癒。我現在經歷的內在困境並不新鮮，前人的智慧能幫助我、啟發我。我也可以照著認知類書籍提供的方法調整認知，或照著心理類書籍換角度思考問題。這樣做一是能轉移注意力，二是能透過了解這些理論和觀點，安慰、療癒自己。年紀愈大，我愈覺得第二象限方是核心所在。

第三象限：你若盛開，蝴蝶自來。

如果把個人外在和個人內在象限調理得當，再加上時間充足，第三象限（集體的內在）高機率也會比較和諧，這就是所謂的悅人先悅己，育兒先育己。

經營好一段關係不容易，需要我們不斷學習。當個好媽媽有愛遠不夠；當個好主管，要有主管力；當個好妻子，得修練智慧。做好自己，在重要關係中體悟和學習，在其他關係中開心就多聚、不開心就疏遠。在一段關係裡鬱鬱寡歡時，請你迅速回到第一、第二象限，復原後再以新姿態踏入第三象限。

第四象限：順勢而為，事半功倍。

我原本是平凡的上班族，但熱愛閱讀和寫作，哪怕只趕上網路內容紅利後期的小尾巴，我的生活也有了大變化。所以要低頭工作，更要抬頭看路。有時不得不承認，選擇比努力更重要，選擇比努力更關鍵。

肯恩·威爾伯四象限跨越了個人和集體，貫穿了內涵和外延。四個象限的疊加，幾乎就是我們每個人的一生。

/ 03 /

肯恩·威爾伯四象限在日常生活中的適用場景廣泛。

（1）助力選擇

遇到如擇校、擇偶、選擇行業、選擇城市等情況時，肯恩·

威爾伯四象限最誠實，也最懂你，它會教你收放自如，冷靜睿智，縱觀全局。

日本腫瘤精神科醫師清水研說，每個人都擁有獨自面對和解決煩惱的能力，醫師最需要幫助病人發現和培養這種能力。肯恩．威爾伯四象限，本質上就是幫人面對問題、培養做出選擇的能力。

有個朋友帶我見了她男友。後來，她問我對她男友的看法。我按「個人外在－個人內在－系統內在」的順序提問，尤其是對我沒有看見的兩人情緒回應、三觀衝突、對方原生家庭關係等提問。我不評判她的男友，只求朋友考慮得更周全，選擇更無憾。在大多數情況下，第一、第二象限不能兩全，難得兩全時第三象限又會出問題，我們要問清自己什麼更重要、什麼是不能接受的。

（2）降低內耗

內耗高時，我們往往想得多，卻沒想對。

在肯恩．威爾伯四象限的框架下想的話，便方便我們定位內耗，精準降耗。分清困擾屬於哪個象限，這個象限的指導原則是什麼。內耗如何定位、怎樣解決，解決不了的能不能接受。如此這般，我們的內耗將愈來愈少。

（3）增進關係

當孩子只顧玩遊戲，親子關係緊張時，不妨畫個肯恩・威爾伯四象限，告訴自己現在只看到了孩子的外在，還需要耐心看看他的內在、關係和環境的安全感、歸屬感，看看他有沒有被尊重、被肯定、被愛。愈是重要的關係，我們愈需要了解對方的肯恩・威爾伯四象限。

（4）現場排雷

幾年前我趕上寫作風口，第一象限的努力疊加第四象限的機遇，讓我過得風生水起。當我快要迷失時，肯恩・威爾伯四象限把我拉了回來。我彷彿聽到它在勸我：你的第二、第三象限瀕臨失守，你將陷入追求欲望的旋渦，請適可而止。

只盯著自己在意的方面，有限的專注力會讓盲區增加。肯恩・威爾伯四象限讓我定期拆掉思維裡的牆，是緊急避險的警報器。

（5）人生復盤

我懶且保守，貪而謹慎，想過上更好日子，也想成為更好的自己。

在我過得順利又順心時，往往在四個象限裡游刃有餘，個人內在自洽，個人外在進步，小集體和諧，大環境向好。

在我過得不順利時，動動個人外在、系統外在；不順心時，調調個人內在、集體內在。

攘外安內，調兵遣將。

我與我，周旋久。經此周旋，也許我已不是從前的我。

05 命運四象限：好的自我養成，會讓你發光

/ 01 /

我認為，原生家庭對一個人的影響呈 M 型。

在我們出生後，父母對世界的認知、互動和解釋方式，對我們的影響日趨增大。後因求學和工作離開家後，原生家庭對我們的影響力逐漸下降，但是在進入親密關係、生兒育女後，原生家庭的影響再次浮現。

人的一生，需要經歷被動養育和主動養育兩個過程。

小時候，每個人都有被養育的經歷，主要是由原生家庭來承擔的。隨著我們羽翼漸豐，我們便走上自己養育自己的旅程。

我們被養和自養的品質，關係著生活的品質。比起「命

運」，我更喜歡魏晉的李康所著〈運命論〉中「命運」的說法，我認為「被養是運，自養才是命」。

原生家庭的條件很難改變，但我還是相信，你當像鳥兒一樣飛往你的山時，一些自然條件是無法桎梏住你的，你的每一片羽毛都閃耀著自由的光輝。

原生家庭會把你托舉到一個或高或低的平臺，而後往哪兒飛、飛多高則取決於你的自養，自養對人的影響呈 Y 形。

/ 02 /

我想建立一個命運四象限，橫軸為「被養」，即如何被原生家庭養育，根據原生家庭養育的品質，分為正向被養和負向被養。縱軸為「自養」，即如何把自己重新養育一遍，根據自我重養的品質，分為正向自養和負向自養（見圖 4-5）。

我一般不太看重坐標軸的橫縱位置，反正都能兩兩交叉組合，但對於命運四象限，我特別強調橫軸為「被養」，縱軸是「自養」，因為我想以此形象化地表達：被養誠可貴，自養價更高。

第一象限：正向被養，正向自養。這是優勢象限。

以梁啟超為例，他的標籤不止有戊戌變法，我認為他還是最牛老爸。他的九個孩子，各個成器。

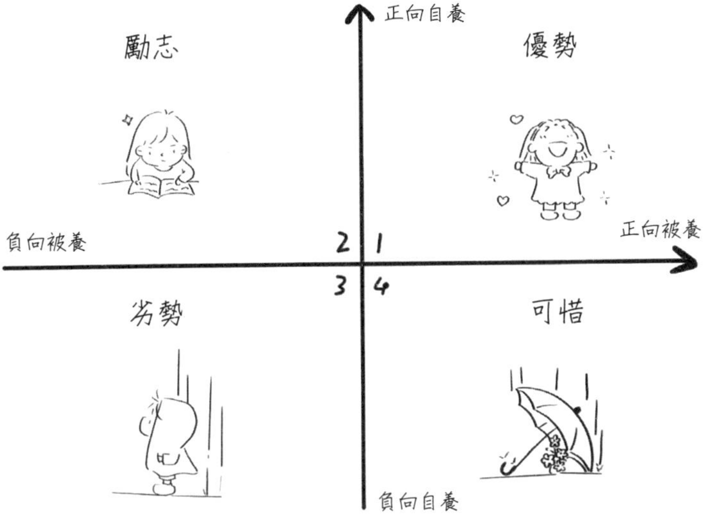

圖 4-5　命運四象限

長女梁思順是詩詞研究專家；長子梁思成是近代建築之父；次子梁思永是現代考古學家；三子梁思忠畢業於西點軍校，英年早逝；次女梁思莊是著名圖書館學家；四子梁思達是著名經濟學家；三女梁思懿是著名社會活動家；四女梁思寧是新四軍老戰士；五子梁思禮是導彈控制專家。可謂「一門三院士，九子皆才俊」。

梁啟超思想超前，他在家建實驗室，教兒女數學理化，重視家國情懷，在外奔波也不忘給兒女們寫了三、四百封家書來談人生、談理想。

長子梁思成因北京古城即將被拆在會上失聲痛哭。孫子梁從誡是中國環保事業的先驅，雖在晚年得了阿茲海默症，忘了很多人和事，但還記得自創的環保組織「自然之友」。梁從誡生前談起爺爺梁啟超的思想事業，父親梁思成壯志未酬的古建築保護事業，以及自己任重道遠的環保事業時，說道：「我們祖孫三代都是失敗者，可是屢戰屢敗，仍然屢敗屢戰。」從他們身上，我看到良好的家風傳承、父母的言傳身教，會給一個人的成長帶來極為積極的影響。

在正向教養中，孩子會潛移默化地學會良性溝通，習得為人處世方法，一路見多識廣、耳濡目染地接受審美薰陶，在不知不覺中掌握一技之長。

若硬要雞蛋裡挑骨頭，他們也有一些自養的小困難，例如父母的光環效應太強，自己需要更多的自我證明等。

第二象限：負向教養，正向自養。這是勵志象限。

在職場綜藝《令人心動的 offer》第五季中，有個實習生叫黃凱，聽著他平靜地講述他的身世，我哭濕了好幾張紙巾。

他從小跟著爺爺奶奶長大。他本科讀復健醫學，經過五年考研，考上了清華大學的法學研究生。

打動我的不是他的堅持，而是他呈現出來的清澈、平和和善良。處在這個象限的人雖然起點不高，但容易被激發出「逆天改命」的動力。一個人變強大的最好方式是擁有一個想要保護的人，而自己就是那個自己最想保護的人。沒人扶著，自己更要站穩；沒人撐傘，自己更要快點跑。

第三象限：負向教養，負向自養。這是劣勢象限。

以原生家庭的負向溝通為例，孩子被父母的語言暴力打壓到性格變形。父母罵完孩子還跟孩子說「這是為你好」。如果孩子在自養中複製父母的言行，把無法控制情緒當作愛之深、責之切，那麼親密關係和親子關係注定荊棘密布。

第四象限：正向教養，負向自養。這是可惜象限。

不是所有正面的教養，都會有令人欣慰的結果。有的父母職業體面、修養上乘，給了孩子充分的尊重和愛。他們不斷學習育兒知識，一路精進自己作為父母的硬本事和軟能力，但他們的孩子也可能會存在很多問題，例如缺乏驅動力、眼高手低、不懂珍惜等。

有時候看到一些社會新聞報導，有些人出生在知識分子家庭，父母是知名學者或某領域名人；這些人年少有為、事業有成，但後來取得一定成績後，開始胡作非為，甚至走上違法犯罪的道路。

/ 03 /

看完命運四象限，就有了一個關鍵問題——如何在原生家庭的基礎上，按照自己的意願重新養好自己？接下來，我將奉上「三步走」策略。

第一步：特種兵式自養，查缺補漏。

以我為例，教養和自養的要點，在我心中的前十名分別是：健康、物質、精神、體驗、機會、溝通、情緒、追求、後盾和愛。在我的教養中，偏正向的有：溝通、情緒、尊重、後盾和愛。

我無意中提到的心願，爸媽會記在心裡。我媽常對我說親密的話，例如「你是我的心頭肉」、「你是我的驕傲」、「有你這樣的孩子真好」。小時候家裡做家庭決議會舉手投票。從小到大，爸媽幾乎沒有當我的面吵過架，我爸雖性格略急躁，但我媽總能笑著給他臺階下。我在其他城市發展後，有時感到累了和爸媽抱怨，他們便會說：「回來吧，我們養你。」

偏負向的有：物質、精神、機會和體驗。

小時候我家算收入中等偏下的工薪家庭，父母也不是什麼讀書人。我快畢業時，我爸為了我的工作操煩了心。

健康情況有正有負，我爸媽的作息、飲食、運動習慣多數都挺好的，當然也有不好的習慣——我爸愛抽菸喝酒，我媽性格好到損己利人，罹癌後她終於開始學著表達出自己的不快，不再事事都鬱結於心。

精神方面，我爸愛打麻將，我媽愛看電視，我則喜歡自己一個人閱讀。雖然閱讀未必能解決問題，但不閱讀，連問題在哪都發現不了。

物質和機會方面，我在深圳工作時，平時工作比較忙，但我會在週末去當志工；而在大連工作時，節奏相對來說比較慢，於是我開始每天早起寫文章。

體驗方面，我上大學前，只去過一次省會城市。上大學後，我平時會打工賺錢，再加上拿的獎學金，我逢假日必出遊。學校周邊的城市、大學同學的家鄉、高中同學的大學所在地……雖然我的預算不高，但沉浸的身心就是高品質的體驗。開始寫作以後，我認識了天南地北的讀者，我會和他們約時間聊天，有在西雅圖工作的讀者、創立單身爸媽應用軟體的讀者、家裡父親生病苦苦堅持的讀者……雖然我們素昧平生，他們卻是我的眼睛，帶我看到更廣的世界。

健康方面，我重點在心態、情緒上使力，疏肝解鬱，暢達情志。雖然我對自己的原生家庭非常滿意，但透過分析，我知道我的自養發力點要快準狠地從負向教養開始。

然後，我還會「查漏補缺」，父母以前常誇我聰明，那我現在就多誇自己努力。

對於負向被養程度較高的朋友，查漏補缺難度比較大，但維根斯坦說得好：「雜草四處蔓延時，地下的部分盤根錯節。」難題也一樣，為了解決難題，我們甚至要發展一個嶄新的人格。

第二步，精細化自養，發展潛能。

「特種兵」式的自養，把被養的缺補上，把被養的坑填平，趕緊開始第二步—— 精細化自養，發揮自己的天賦和潛力。

我的身邊有很多媽媽給孩子報名各種興趣班，希望孩子能把興趣轉化為特長。而對我這一代人來說，發現興趣並轉化為特長的這個行動基本要自己來做。

接下來的重中之重來了——我們要找到在這個世界上，自己能做什麼、想做什麼，什麼事能做出自己的風格。對我來說，最適合我的事就是寫作。

把自己喜歡的事情做好後，你在原生家庭欠缺的安全感、自信心、底氣，將奔湧而來。

第三步，翻轉被養，找到新解釋。

前兩步就像貪吃蛇遊戲中的貪吃蛇一樣，它們大口大口地吃掉負向教養的地盤，這時你已經是自己的原生家庭了。如果你還有餘力，可以嘗試與原生家庭和解。

成名後的女主持人，哭訴小時候自己照個鏡子就會被父親訓斥：「你再怎麼照鏡子也不會變美，還不如多讀點書。」現在也可以把解釋為：她的爸爸為她的內在美，打下了堅實的基礎。

成名後的鋼琴家，回憶小時候有次鋼琴沒彈好被父親責罵，而且還是當著一群外國學生的面，窘迫的他回擊父親：「你太可怕了」。現在也可以解釋為：他爸爸之所以嚴苛，是為了幫助他追求卓越。

在這步，我推薦使用的句型是「雖然……但是……」。

雖然父母總是為雞毛蒜皮的事而吵得不可開交，但他們教會我一件事：無關緊要的事情，寧可輸，也不要為了贏而付出太多。

雖然我媽總會跟我抱怨，例如抱怨「這種事為什麼會發生在我身上」，但這啟發我換個想法，對一件事的看法要換成「這件事想教我什麼」，然後可以發現很多事都在好起來。

雖然小時候父母總要求我聽話，但我從那時起便開始善於找到讓別人開心又不委屈自己的做法。

當然，什麼樣的父母都有，如果你真的無法釋懷，也沒必要勉強自己。但對於普通父母，我們要試著為父母找一些開脫的理由，學會換位思考，這樣自己也會開明一些。

/ 04 /

十多年前，我到千島湖旅行，有道菜是一魚三吃，就是一條大魚，有三種吃法——奶湯魚頭、香煎魚尾、紅燒魚身。

這個命運四象限，我覺得也有三種「吃」法。

第一種是煮湯，就是感性地、粗糙地、混沌地在四象限中定個位，找到目前的所在地和將來的嚮往地，對自己有整體的把握。

第二種是香煎，就是切割問題，逐一解決。香煎最重視火候，該下鍋下鍋，該起鍋起鍋，若煎老了，你將持續沉溺於原生家庭的泥淖，耽誤自養的寶貴時間。

第三種是紅燒，加入料汁，加工記憶。父母在養育你的過程中，沒有功勞也有苦勞，就算方法不對，但初心很好。若心結解不開，則乾脆打個蝴蝶結吧。

成年人，解決很多問題都可以是「算了」，但解決自己的問題一定要「沒完沒了」。

06 意難平四象限：把所有事，都變成好事

/ 01 /

某天中午聚會，本來主題是歡迎女同事產假歸來，結果聚會主題逐漸變成了她對婆婆的吐槽大會。

她的婆婆做事不多，存在感很強；在兒媳婦面前強勢，在兒子面前弱勢。兒子在家吃，她婆婆就做得特別豐盛；兒子要加班，索性粗茶淡飯。

在場的同事，如果指出她婆婆確實有問題，她便會點頭；如果點出是她老公溝通不到位，她則本能反駁：「我婆婆不好，但老公是真不錯。」然後還要為老公美言幾句。

聽著女同事談論婆媳關係，我聽出了她的忿忿不平。我對

於忿忿不平的事情，習慣性分別安置到按大小和好壞區分的四象限中——這是小事、大事、好事，還是壞事？

我猜想女同事應該是想把婆媳衝突，同時放在大事和好事的區間。

之所以是大事，是因為半年沒見，她對工作、同事、主管的變化興致缺缺，她也沒有給我們講述生孩子的經歷，沒有給我們看小孩的照片。她的主線只有一條，就是吐槽婆婆，她老公、爸媽、孩子都只作為主線推進中順帶提到的分支點。

之所以是好事，是因為她育兒需要幫手。婆婆大拆大建，她雖被幫到，但也被氣到，不如讓老公來做一部分決策。當她主動搜集老公的好時，夫妻關係也會愈來愈好。孩子很小就被送到幼托班，公婆安享晚年，年節假日偶爾三代同堂，家裡大事小情夫妻多合作解決。

/ 02 /

把婆媳問題當成好事，這種想法很妙。

萬維鋼說，世界上有兩種思維：一種是科學家思維，根據論據，推導出結論；另一種是律師思維，拿到論點，再去找素材。

女同事對婆婆的思維屬於科學家思維。因為在她身心交瘁時，婆婆沒有善待她，所以她覺得婆婆不是好婆婆；因為她辛苦學來的現代育兒法得不到婆婆的重視，所以婆婆不是好奶奶；因為婆婆明知兒媳和兒子要相伴一生，卻給夫妻的關係製造許多障礙，所以婆婆不是好媽媽。

但她對老公的思維又屬於律師思維，她認為「老公沒問題，老公做得好」，於是她找了很多支持觀點的素材，例如老公勤做家務、愛陪孩子玩、為了自己向公婆討公道。如果溝通有效，那是老公情商很高；溝通無效，那是婆婆油鹽不進。

把婆媳關係轉化為家庭外部衝突後，夫妻催生出一種共同攻堅克難的戰友感。女同事那力求證明老公沒問題的思維和力求證明婆婆有問題的思維，形成一股向上的力量，在不知不覺中契合了一種「夫妻關係＞親子關係＞爸媽公婆」的良性序列，也順便避開了「焦慮的妻子＋強勢的婆婆＋懦弱的老公＋無存在感的公公」的家庭模式。

/ 03 /

站在旁觀者的立場，我希望女同事把婆媳衝突當作一件小事。其實，她已經在這麼做了。在個人層面，她覺得婆媳衝突是大事，但在家庭層面，她沒有把衝突繼續擴大化，至少她沒有把老公也拖進婆媳衝突的漩渦。

家庭諮商大師莫雷・包文提出了「三角理論」，即在一段二人關係裡，當雙方無法處理問題和矛盾時，會很自然地利用第三方，來緩解雙方情緒的衝擊。莫雷・包文認為，關係有問題的夫妻，會利用孩子作為第三方；孩子是橋梁，是武器，卻不是自己。同樣的理論可以適用到婆媳關係上，婆媳有問題，利用老公作為第三方，老公也可憐。

她在個人層面接受不了婆媳衝突的衝擊後，就以空間（盡量不住在同一個屋下）和時間（盡量不要長時間相處）作為緩衝區，讓自己和婆婆及其他家庭成員都慢慢接受家裡添丁的事實，從容應對家裡添丁的挑戰。

一個媽媽會漸漸明白，有孩子後，需要所有家庭成員都來愛這個孩子，而非讓孩子看到家庭成員之間爆發衝突。

暢銷書作家莊雅婷說：「僅僅跟婆婆爭吵是沒有用的，當你在挑戰一種思維模式，一種時代烙印，一種情感缺失，一種生活方式，一種強烈的不安全感時，你幾乎不可能贏。」

既然不會贏，就不要戰。時間那麼寶貴，精力那麼稀缺，有跟婆婆爭吵的功夫，陪孩子看本繪本多好，研究經手的業務多好，和愛人看部輕鬆喜劇多好，呵護自己多好……

讓自己心感喜樂、升職加薪，親子親密，夫妻甜蜜。自己有很多大事在身，相較之下，婆媳關係真的是件小事。

/ 04 /

其實任何一件事，只要你願意，都可以發展出好事、壞事、小事、大事。

婆媳衝突是大事嗎？可以是。被婆媳衝突困住了，每天爭吵，無休無止。親子關係不顧了，婚姻也不想要了。

婆媳衝突是小事嗎？也可以是。管好自己，尊重對方，相處有邊界；少抱期望，少提要求，多看優點，多讚美。

婆媳衝突是壞事嗎？當然是。婆媳衝突弄得全家雞飛狗跳、衝突不斷，令人想起來就心煩，下班了也不想回家。

婆媳衝突是好事嗎？也可以是。婆媳衝突能讓你更明白別人，也更懂自己。合力解決衝突後，家庭會更有凝聚力，更有幸福感。

事情是發展而成的。你應該把陷在婆媳衝突裡的精力和能量，用來鞏固夫妻關係，增進親子關係，珍惜父母對自己獨一無二的愛，提升自己的實力。把耗在夫妻關係裡的繩子丟掉，走向對方，站在一起；相互合作，解決問題，團結一切可以團結的力量。

其他衝突，大抵如此（見圖 4-6）。

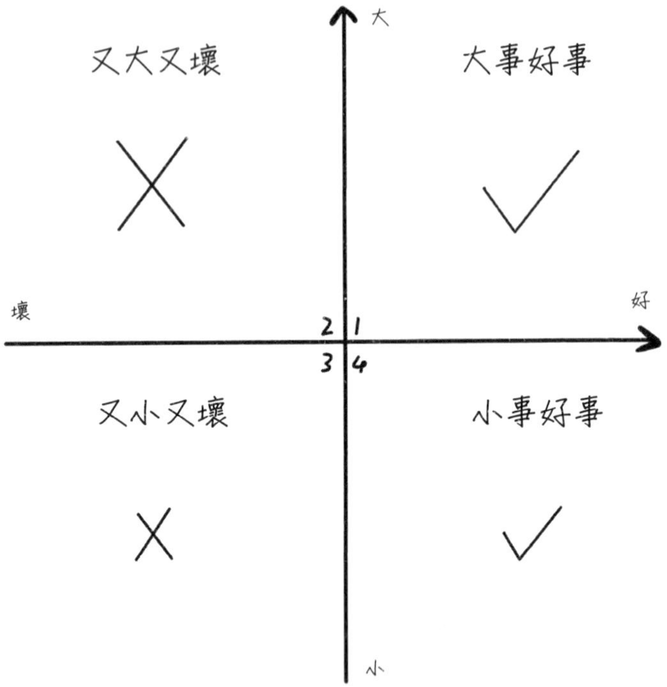

圖 4-6 衝突劃分四象限

剛開始，一件壞事迎面而來，讓你忿忿不平：為什麼這麼傷害我？為什麼我這麼倒楣？你的眼裡只有這件事，你看到的是這件事壞的一面、糟糕的一面。你看不慣，氣不順，意難平；你嚥不下這口氣，過不了這道坎。

但我們有時間這個魔術師，它可以把眼前的這件事拿遠一點，選擇一個合適的位置擺在那裡；它還可以把這件事當顆球一樣左右轉動，然後選擇一個好壞適中的角度，定在那裡。

結合四象限來說，一開始在第二象限，這是件大壞事，但當它抵達第四象限後，不管你先縮小再定性，還是先優化再縮小，它都會變成一件又小又好的事，減少占用你的情緒內存和陰影內存。留下有益的記憶也好，教訓也好，它會使你的雙手可以多接禮物，少接垃圾。

並不是任何事情困擾到你、侵犯到你時，我都勸你是非不分、真假不計，在大多數時候，請你勇敢捍衛自己的權利。

而對於剪不斷理還亂的關係，一些清官都難斷的家務，建議你能改變的就改變，不能改變的就接受，用好壞大小來調整這件事在自己心裡的位置和角度。這樣的心理善後過程，會讓接受的過程舒服很多。

我想把所有事，都變成好事。

人生顧問 552

再困難的問題都有100種解法：終結內耗的破局思考練習

作者　梁爽
責任編輯　龔橞甄
校對　劉素芬
封面設計　任宥騰
內頁排版　顧力榮

總編輯　龔橞甄
董事長　趙政岷
出版者　時報文化出版企業股份有限公司
108019 臺北市和平西路三段二四〇號四樓
發行專線　02-2306-6842
讀者服務專線　0800-231-705・02-2304-7103
讀者服務傳真　02-2304-6858
郵撥　19344724 時報文化出版公司
信箱　10899 臺北華江橋郵局第 99 信箱
時報悅讀網　www.readingtimes.com.tw
法律顧問　理律法律事務所 陳長文律師、李念祖律師
印刷　家佑印刷有限公司
初版一刷　2025 年 4 月 11 日
定價　新台幣 380 元
(缺頁或破損的書，請寄回更換)

時報文化出版公司成立於一九七五年，
並於一九九九年股票上櫃公開發行，於二〇〇八年脫離中時集團非屬旺中，
以「尊重智慧與創意的文化事業」為信念。

再困難的問題都有 100 種解法：終結內耗的破局思考練習 / 梁爽著 . -- 初版 . -- 臺北市：時報文化出版企業股份有限公司, 2025.04
面；　公分 . -- (人生顧問 ; 552)
ISBN 978-626-419-374-0(平裝)

1.CST: 思考 2.CST: 思維方法 3.CST: 自我實現

176.4　　114003280

ISBN 978-626-419-374-0
Printed in Taiwan